Heidi Trautmann/Thomas Trautmann

50 Unterrichtsspiele für die Kommunikationsförderung

Lerninhalte festigen durch Bewegung, Sprache und Darstellung

Für die Sekundarstufe

Auer Verlag GmbH

Gedruckt auf umweltbewusst gefertigtem, chlorfrei gebleichtem
und alterungsbeständigem Papier.

1. Auflage. 2004
Nach der Neuregelung der deutschen Rechtschreibung

Illustrationen: Anja Güthoff
Satz: Fotosatz H. Buck, Kumhausen
Druck und Bindung: Ludwig Auer GmbH, Donauwörth
ISBN 3-403-0**4173**-5

Inhaltsverzeichnis

Einleitung

Nach den erfolgreichen Bänden *Spielen mit Sprache* und *50 Spiele für Kommunikation und Kooperation* für die Grundschule haben wir uns entschlossen, dieses Konzept – angereichert mit dem Schwerpunkt Theatralisierung – auch für die Sekundarstufe zu bearbeiten.
Neben einer kurzen Darstellung der theoretischen Grundlagen des *Miteinander-Spielens* im Unterricht der Sekundarstufe werden eine Reihe von Ideen zusammengestellt, die als Unterrichtsangebot dienen können. Ein kurzer didaktischer Kommentar soll dabei die Sinnhaftigkeit und Variationsmöglichkeiten der Spiele skizzieren.
Es war uns wichtig, jene Spielaktivitäten im Unterricht zum Schwerpunkt zu machen, die einen fachlichen Schwerpunkt bilden können *und* zur sozialen Erziehung der Schülerinnen und Schüler beitragen. Denken wir an das Verhältnis der Jungen und Mädchen zueinander, an Konkurrenz und Leidenschaft, Aggression und Zuneigung – all diese Eigenschaften sind schultypisch, entwicklungsgemäß und bedürfen behutsamer kommunikatorischer Klärung. Da Schule meist *über das Wort* funktioniert, lassen sich im Spiel die Sachen oft handelnd klären und die Schüler gehen ein Stück stärker aus den Handlungen hervor. Letztendlich wird in diesen Spielangeboten der Kommunikation mit Sprache, Gestik, Mimik und dem ganzen Körper ein großer Raum gegeben. Nicht nur der Deutsch- und Geschichtsunterricht, auch Physik, Mathematik und die Fremdsprachen „leben" von Inszenierungen, Assoziations- und Improvisationsübungen.
Die Sortierung der Spiele mag verwundern – die Art und Weise, dies nach dem Alphabet zu tun, ist inhaltlich nicht zwingend, aber besonders pädagogisch. Das System gestattet eine exzellente Mischung für jene Lehrer und Lehrerinnen, die sich entscheiden, die Angebote der Reihe nach auszuprobieren. Unsere Entscheidung, entgegen der oft gebrauchten Praxis (u.a. des Freizeitbereiches), nach Bewegungs-, Kennenlern-, Aktions-, Regel-, Strategie- und Planspielen zu sortieren, hat auch noch andere Gründe. Spielerfahrene Lehrerinnen und Lehrer haben in Fortbildungen oft angemerkt, dass typisierende Angaben mehr verwirren, als zum Einsatz ermutigen.
Die gewählte ABC-Form soll vor allem aktivieren, nach den Eigenheiten der eigenen Klasse, eines Unterrichtsthemas oder einer bestimmten Situationskennzeichnung zu suchen. Jene, welche die Möglichkeiten von A bis Z durchspielen wollen oder nach einem Zufallsprinzip arbeiten möchten, werden ebenfalls bedient („Die Schülerin, welche Geburtstag hat, kann *ihr* Spiel heraussuchen – vielleicht das Spiel, mit welchem ihr Vorname beginnt …).
Wir gehen davon aus, dass die Leserin oder der Leser dieses Buches die Spielangebote auch nutzen will. Daher vorab einige Ermutigungen. Unsere eigene Lehrtätigkeit zeigt uns immer wieder, welch ungeheures Potential in den Schülerinnen und Schülern steckt, mit denen wir spielen. Daher sind die Spielideen stets

nur der Rahmen für mannigfaltige Variationen, Bezüge oder Ableitungen, auf die man kommen und denen man nachspüren kann. Lassen Sie sich daher auf die Ideen und Vorschläge der Lernenden ein.

Ein zweiter Aspekt: Wenn der Kollege nebenan das (spielerische) Tun in Ihrer Klasse mit einigem Argwohn betrachtet, hilft weder gutes Zureden, noch die Präsentation dieses Buches, um aus ihm einen spielbegeisterten Lehrer zu formen. Aber Sie haben mächtige Verbündete: Wenn Ihre Schülerinnen und Schüler von den neuen Erfahrungen im und durch Spiel berichten, wenn jemand endlich die Exponentialfunktion *begreift*, weil er sie körperlich dargestellt oder die Klasse ihrem Kollegen klarmacht, dass Spiele auch jenseits des Spaßfaktors einen ungeheuren Lernwert haben … Zum Ausprobieren einer eigenen kleinen, fachbezogenen Spielsequenz aus diesem Buch ist es dann nicht mehr weit …

Unser Dank gilt den vielen Mitspielern, ihren wertvollen Hinweisen und ihrer ungebrochenen Spiel- und Lernfreude. Dorothee Schwarze sind wir, wie so oft, für die Durchsicht des Manuskriptes von Herzen verbunden.

Heidi und Thomas Trautmann

---

* Der Begriff umfasst Lehrerinnen und Lehrer gleichermaßen. Sie und die Spielenden werden in loser Folge maskulin bzw. feminin angesprochen.

Theoretische Grundlagen

Vorüberlegungen

Der Psychologe S. L. Rubinstein bemerkte einmal sarkastisch, dass „die Erwachsenen ihre Spieltheorien haben, die Kinder aber einfach drauf-los-spielen". Und Pablo Neruda, der große chilenische Dichter merkte in diesem Zusammenhang sogar an: „Das Kind, das nicht spielt, ist kein Kind, aber der Mann, der nicht spielt hat für immer das Kind verloren, das in ihm lebte und das ihm arg fehlen wird." (1975; 361).
In beiden Aussagen liegt das ganze Problem im Spiel. Akzeptiert bei kleinen Kindern, fördern es Erwachsene als deren Haupttätigkeit. Werden die Kinder älter, kommen sie gar in die Schule, soll das Spiel dem Lernen weichen, wird die „Spielerei" aus dem Klassenraum gewiesen und auf den Schulhof oder in die Pausen verbannt. Während in den letzten Jahren, zumindest in der Grundschule, die Diskussion über die Lernpotenzen des Spiels und die spielerische Ausprägung von Lernsituationen produktiv (wieder)aufgenommen wurde, bleibt es für die weiterführenden Schulformen eher tabu bzw. fristet – sehen wir einmal vom *Darstellenden Spiel* einmal ab – ein Schattendasein.
Dabei wird Spiel nicht selten als *Urphänomen des Lebens* betrachtet. Und wenn Schulen sich nicht als isolierte Lernlaboratorien betrachten, sondern dem Leben nachspüren, so scheint es fast zwangsläufig, dem Spiel – an sich und zur Verdeutlichung von Lernsequenzen – Raum und Zeit zu geben.
Allerdings harrt das Spiel bis zum heutigen Tage einer geschlossenen Definition. Vielleicht macht es Lehrerinnen und Lehrern auch daher so viel Mühe, damit in der Schule gelassen umzugehen. Man kann für manche Spiele dieses Buches ohne zu lügen ins Klassenbuch schreiben: *Übungen zur Lateralkoordinierung.* Die Anregung beider Gehirnhälften ist tatsächlich in der Schule wünschenswert und durch einige der Spiele mühelos trainierbar.
Untersuchungen zum Zusammenhang von *Spiel und Entwicklung* (u. a. *Reilly; Oerter; Hartley*) oder die bemerkenswerten Beiträge von Jean Piaget und Sigmund Freud, der das Spiel im Zusammenhang mit der Psychoanalyse untersuchte, überzeugen per se nicht so weit, dass Spiel einen gebührenden Platz im Sekundarstufenbereich zugewiesen bekommt. Leider hat auch die russische und sowjetische Spielforschung (u. a. *Rubinstein, Wygotski, Leontjew, Elkonin)* meist nur Ergebnisse im frühkindlichen Bereich aufzuweisen.
Einen bemerkenswerten Schnitt gab es in der Bundesrepublik durch Benita Daublebskys Vorschlag eines Spielcurriculums. Oft als Fortschritt zitiert, konnte sich die Idee in der Schule jedoch nur sporadisch durchsetzen. Die gegenwärtigen Diskussionen um Bildungsstandards, wie sie nach der PISA-Studie neu entfacht wurden, tragen ebenfalls nicht unbedingt dazu bei, der Tätigkeit Spiel bahnbrechende Chancen ihrer Etablierung im Sekundarstufenbereich zu prognostizieren. Insofern ist es schon bemerkenswert, dass Sie, liebe Leserin, verehrter Leser zu diesem Buch gegriffen haben.
Der Ansatz dieses Buches kommt zurück auf das Miteinander, Füreinander und Gegeneinander als soziale Komponenten des Spiels. Gleichzeitig haben wir auch

der fachlichen Seite uneingeschränkt Beachtung geschenkt. Und genau in diesem Konstrukt sehen wir den Wert des Buches und der Angebote. Immer dort, wo Menschen miteinander spielerisch agieren, kommt es zu einem gesellschaftlich verhandelten Verhältnis der Beteiligten – über Anfang und Ende, eine bestimmte Regelhaftigkeit, das Verhalten, die Traditionen und notwendige Rahmengepflogenheiten. Die Teilnehmer am gemeinsamen Spiel bekleiden an Vormittagen jedoch eine andere Rolle – die der Schülerinnen und Schüler. Das Verhältnis von Spiel und (höherer) Schule – wenn davon überhaupt zu reden ist – war stets ambivalent bis klar ablehnend. Lediglich das gemeinsame angeleitete (Rollen)Spiel blieb unterschwellig ein Thema. Auch die Implementierung des Faches *Darstellendes Spiel* brachte weitgehend nicht den Erfolg, den die Wissenschaft dieser besonderen Entäußerung der Heranwachsenden mit all ihren Lernqualitäten (Rollendistanz, Statuswechsel, Ausdrucksfähigkeit auf multiplen Kanälen, Ambiguitätstoleranz) zuschrieb. Mitunter wurden die Stunden einfach zusätzliche Deutschstunden.
Wissenschaft und Schulpraxis polarisierten zudem, so dass Lehrerinnen und Lehrer weiterführender Bildungsgänge kaum spielpädagogische Erfahrungen sammeln können. Die Wiederentdeckung des Spiels in der Personal- und Systemberatung, zur Verdeutlichung betrieblicher Prozesse bzw. in Wirtschaftsstrukturen (Breitenstein 1984) sollte auch in der Schule ein Um- und Weiterdenken befördern. So hat angeleitetes Spiel in bestimmten Unterrichtsabschnitten durchaus einen Eigenwert, fachlichen und sozialen Bezug und letztlich Bildungsgeltung. Unstrittig jedoch ist der Eigenwert des Spiels bezüglich seiner integrativen und gruppendynamischen Potenzen. Da aber höhere Schulen primär kurzfristige Lernfelder favorisieren – Lehrerinnen und Lehrer wollen sicher sein, etwas „drangenommen" zu haben – kann sich Spiel außerhalb eindrücklicher Lernpotenzen kaum durchsetzen.

1. In der Schule wird gelernt…

Die Lehrerschaft höherer Bildungsgänge ist sich weitgehend einig über die Ablehnung von Spiel in der Schule. Besonders scharfer Widerstand kommt aus dem gymnasialen Bereich der Mittel- und Oberstufe. Die gängigsten Schlussfolgerungen: Aufgrund der Stoffflut ist hier kein Platz zum Spielen. Außerdem wird den Heranwachsenden im Leben ebenfalls nichts geschenkt, warum solle dann Schule ihnen ein Stück Spiel*raum* geben? Letztlich glauben vielleicht auch die Eltern, die Schule versäumt ihren Bildungsauftrag, wenn miteinander gespielt, anstatt in ordentlicher Konkurrenz gelernt wird?
Wir versuchen an dieser Stelle punktuell, die Argumentation zu führen. Welche Gründe sprechen gegen das unterrichtliche Spiel im Sekundarstufenbereich? Und wie wären sie zu widerlegen?

➢ *Im Unterricht ist kaum Platz für das Spiel. Die Lehrpläne sind so eng…*
Rahmenrichtlinien und Lehrpläne, auch höherer Klassen, setzen sehr wohl auf Spiele. Oft zu lesen ist dies im Zusammenhang mit Erprobungs- und Probierhandlungen bzw. im Rahmen von Festigungsprozessen. Und selbst in der gymnasialen Oberstufe kann die Illustration hochkomplizierter Vorgänge durch und im Spiel hilfreich sein. Im Praxisteil haben wir mannigfaltige, erprobte Anregungen dazu notiert. Dies bedeutet jedoch, dass die Lernmodalitäten – also das *Wie* des Geschehens frei wählbar ist und weitgehend durch die didaktische Professionalität der Lehrerinnen bestimmt wird.
Genau hier steckt der Kern des Argumentes. Denn um welchen Lehrplan bzw. um welche Lehrpläne geht es eigentlich? Hilbert Meyer (1997; 165) spricht neben den ministeriellen von weiteren dreien – dem hauseigenen, einem heimlichen und dem persönlichen. Allen jenen ist gemeinsam, dass sie gegenüber den zentralen Lehrplänen bzw. Rahmenrichtlinien unterschwelliger Natur sind. Schauen wir in die offiziellen Verfügungen, so trifft man durchaus Angebote, spielerische Lernmöglichkeiten zu versuchen. Selbstverständlich kann man in diese Dokumente keine Vorschläge oder gar Spielanleitungen schreiben. Wir haben selbst an einigen Lehrplänen mitgeschrieben und wissen, dass es in diesen Kommissionen zugeht, wie in jedem Lehrerkollegium. Befürworter und Gegner (nicht nur des Spiels) sitzen sich diskutierend gegenüber und feilschen um Inhalte, Vorlieben und Formulierungen.
Letztendlich jedoch macht die Summe der persönlichen Lehrpläne von Lehrerinnen und Schülern das Profil einer Schule und die Verrichtungen in einer Klasse aus. Die so genannten heimlichen Lehrpläne stigmatisieren jedoch nicht nur einzelne Schülerinnen bzw. bestimmte Gruppen. Sie forcieren oder ignorieren auch ganze Tätigkeitsvollzüge – etwa das Spiel in der Sekundarstufe I. und II. Spiel ist aus den Profilbildungsdebatten vieler Gymnasien fast völlig verschwunden, sehen wir einmal vom Feigenblatt *Darstellendes Spiel* ab. Von dort jedoch kommt oft beunruhigende Kunde. Die Schüleraktivität ist hoch, die Lerneffekte ebenfalls, die Lehrerin verkündet in der Pause, dass ihr die Stunden wieder einmal Spaß gemacht haben…Viele Schülerinnen und Schüler wirken „aufgekratzt", sind leistungsbereiter und alle besitzen einen *Draht* zur Lehrerin. Zufall oder Notwendigkeit? Charisma oder Fachqualität?

➢ *Spiel ist Ringelreihen und Eiapopeia.*
Wird der Frage: *Was ist Spiel?* ernsthaft nachgegangen, klären sich meist schnell die Fronten. Über die Floskel „Kinderkram" hinweg gedacht, kommen Lehrerinnen und Lehrer der Sekundarstufe meist zu mehreren Urteilen. Während manche das Spiel als untauglich für die Akkumulation von Kenntnissen ablehnen, konstatieren andere, dass ihnen das *Know- how* für die Spielleitung oder geeignete Spielformen fehlen, um sie im Unterrichtsverlauf anzuwenden. Eine dritte Gruppe schließlich kann (und will) spielen, scheut jedoch die damit verbundenen Schwierigkeiten – von der Lautstärke über die Steigerung der Kommunikation bis hin zu möglichen Verlautbarungen der Schülerinnen und Schüler. Denn erstaun-

licherweise scheint in manchen Hirnen der Lehrenden verankert zu sein, dass ein Zulassen von Spiel im Unterricht entweder das Fach oder die Person diskreditiert. Das Spiel eben kein Eiapopeia ist, weiß hingegen jeder, der sich ernsthaft mit Plan- und Strategiespielen, mit Vexieren (Vexiere sind Geduldspiele, bei denen man ein Element anbauen bzw. abnehmen muss) oder gruppendynamischen Rollensimulationen beschäftigt hat. Selbst Eltern, die dem Spiel in einer *akademischen Lehranstalt* ebenfalls skeptisch gegenüber stehen könnten, gehen rasch auf Gegenkurs, wenn mit ihnen – beispielsweise in einer Elternversammlung – *Gerücht* oder *Augentheater* gespielt wurde. Sehr schnell kommen die Eltern darauf, dass in diesen Spielkonstellationen mannigfaltige Lern-, Erfahrungs- und Kommunikationsfelder stecken. Mindestens fünf weitere Argumente können aus diesem Diskurs abgeleitet werden:

1. Das Wesen des Spiels und sein didaktischer Wert ist vielen nicht geläufig. Kindertümelei, die das Lernen verwässert und den *Ernst der Schule und des Lernens* aufhebt, ist mit dem Einsatz des Unterrichtsspiels in der beschriebenen Form nicht gemeint.
2. Es ist notwendig, Inhalt und Form von Spielen altersgemäß so einzusetzen, dass Motivation, Inhalte und der kommunikative Rahmen zueinander passen. Im Sekundarstufenbereich wird die Anregung, *Mein rechter, rechter Platz ist leer* zu spielen, eher mitleidig belächelt und – völlig zu recht – verweigert. Mit der Grundkonstellation jedoch lassen sich selbst in der Sekundarstufe II viele Verläufe illustrieren (*Nacht von Palermo, Blauer Elefant* usw.).
3. Grundsätzlich machen Spiele den Heranwachsenden Freude, auch wenn sie dies unter Umständen nie zugeben würden. Es gibt jedoch zwei Einschränkungen für dieses Paradigma. Erstens gilt dies nicht für Spiele, die *unter ihrer Würde sind.* Zweitens darf das Spaßkriterium allein nicht die Handlung bestimmen. Im vorliegenden Buch wird es, in den unterrichtspraktischen Angeboten, als notwendig vorausgesetzt. Allein und *für sich* jedoch ist es nie hinreichend („Wir machen jetzt mal ein Spiel …").
4. Es geht in der Schule nicht darum, *ausschließlich* oder *exzessiv* (maßlos) zu spielen. Eine gelungene Spielaktion illustriert nachvollziehbar schwer verständliches Bildungsgut und substituiert damit durchaus mehrere Theorie- und Übungsstunden. Im übrigen haben Spiele überzeugende Wirkungen auf die Kommunikation (über das Spiel und den Lerngegenstand).
5. Verhalten und Einstellungen von Heranwachsenden sind für die Schule meist erst dann interessant, wenn sie den geordneten Ablauf von Unterricht stören. Spiel vollzieht sich aber sowohl auf der inhaltlichen, wie auch der gesellschaftlichen Ebene. Damit ergibt sich eine grundsätzliche Potenz für die soziale Erziehung (vgl. Spiel als soziales Lernfeld).

➢ *Spielen ist etwas für sehr kleine Kinder. In der Sekundarstufe geht fast nichts mehr durch Spielen. Die Schüler wollen es auch nicht.*

Dieses Argument zielt scheinbar auf die wechselnden Bedürfnisse der Zielgruppe ab. Spätestens beim Schulwechsel nach 4 oder 6 Jahren scheint die Aus-

gangslage klar. Die Heranwachsenden sind dabei, sich von ihrer Kindheit zu verabschieden – groß zu werden. Dennoch spielen auch die 10- bis 15-Jährigen noch gerne (Fuhs 1997; 19). Spätestens ab einem Alter von 16 Jahren kommt dann auch die Lust an den scheinbar ad acta gelegten Gesellschaftsspielen wieder. Längst ist den Schülerinnen und Schülern klar geworden, was die Schule kann, will und vermag. Ab Klasse 5 wird die Ankündigung „eines Spiels" meist von vornherein abgelehnt, weil jeder weiß, dass es sich um eine spielerische Einkleidung einer Aufgabe, eine kaum kaschierte Übung oder eine Fangaufgabe – kurz die Fortsetzung des Unterrichts mit wechselnden Mitteln handelt. Lehrerinnen und Lehrer, die es verstehen, unterschiedliche Spielangebote für den Unterrichtsgang aufzubereiten, sind auch im Sekundarbereich erfolgreich. Denn sie nutzen Unterrichtsmethoden, die eine symbolische Vermittlung der Wirklichkeit der Welt in sich tragen (Meyer 1992; 83) unter dem Aspekt, mit und durch Spiel, Darstellung, Bewegung, bildnerisches Gestalten usw. den Schülerinnen und Schülern ein möglichst breites Spektrum an Symbolisierungsformen anzubieten. Und in diesem Zusammenhang ist es den Subjekten der (Spiel)handlungen völlig gleich, ob sie ein Spiel, eine Übung, eine Session, ein Experiment oder die Probe aufs Exempel vollziehen. Die Handlung bindet, während der (inhaltslose) Begriff *Spiel* durchaus Ressentiments auslösen kann. Dies geschieht insbesondere in der Zeit der Pubertät. Heranwachsende haben meist große Probleme, einfach so drauflos zu *spielen*. Sie assoziieren zunächst die Tätigkeit mit dem Tun kleiner Schüler, die sie um alles in der Welt nicht (mehr) sein wollen. Ihr Status käme in Gefahr, sich darauf einzulassen. Dennoch spielen sie gern und oft, nun aber eher „getarnt" in Form einer Session oder eines Experimentes. Meist sind es die Mädchen, die sich recht unkompliziert auf die neue Situation einlassen. Das ergibt für die *jungen Herren* die Chance, sich ebenfalls ohne Gesichtsverlust der reizvollen Verrichtung hinzugeben. Lehrerinnen und Lehrer sollten daher die Gruppendynamik in der Klasse genau beobachten und im Vorfeld geeignete Maßnahmen ergreifen (Einbinden von Schülern in die Vorbereitung, Gespräche mit Akteuren, Angebotsvielfalt). Ein Trost: Letztendlich haben erfreuliche Entwicklungen (Spiel des Jahres u. a.) Vorbehalte gegen eine ganze Reihe von (Gesellschafts)spielen ausgeräumt.

➢ *Das anzueignende Wissenspotenzial kann nicht spielerisch vermittelt werden.* Die russische Psychologin Jekaterina Protassowa hat 1991 (vgl. 1991; 145 ff.) die Verbindung zwischen Sprache, Denken und Spielen untersucht. Dabei konstatierte sie für das Kind im extrauterinen Frühjahr (1. Lebensjahr) „Ich spreche, das heißt ich spiele". Die Laute, die das Kind abgibt haben kontaktherstellende Funktion – das Kind erprobt sozusagen spielerisch, wann die (Sprech)laute die Mutter oder den Vater herbeieilen lassen oder nicht. Bis zum dritten Lebensjahr vollziehen sich diese Lernprozesse in der Form: „Ich spiele, das heißt ich spreche." Das Kind konstruiert Sprache spielerisch – und hat Erfolg. Bis zum sechsten Lebensjahr, also dem Eintritt in die Schule, nennt man

diese Prozessualität: „Ich spreche und ich spiele". Beide Tätigkeiten werden verbunden und mit geballter Kraft eingesetzt. Spielhandlungen werden versprachlicht und Sprachhandlungen spielerisch umgesetzt. Schule unterbindet mitunter diese höchst effektiven Lernprozesse zu Ungunsten des Spiels – es wird nur noch geredet. Bis zum 10. Lebensjahr befindet sich das Kind auf der Entwicklungsstufe: „Ich weiß, was das Spielen bedeutet und ich weiß, was das Sprechen bedeutet." Leider wird in der Sekundarstufe jedoch fast ausschließlich Wert und Gewicht auf das Sprechen – nicht einmal die Kommunikation (!) – gelegt. Reden (wenn man gefragt ist), Sprechen (was man gelernt hat), Deklamieren (Gedichte, Lehrsätze) und ähnliche Sprechäußerungen in künstlichen Lernsituationen lassen das Spiel und das Wissen darüber verblassen.
Es sollte an der Zeit sein, auch das Wissen über Spiel neu zu entdecken. Die Schülerinnen und Schüler werden sich schnell wieder auf ihr Spiel-Wissen besinnen und dabei in der vertrauten Weise lernen. Inhalte, Vorgänge, Zusammenhänge und Prinzipien ebenso, wie die Grundlagen sozialen Zusammenlebens – die Spielregeln der Gruppe. Unterschwellig sind diese sowohl in der Klasse, Schule, in der Gleichaltrigengruppe (Peer) oder zu Hause vorhanden. Soziale Erziehung muss durch diese vielfältigen Lebenswelten heraus aus ihrer meist unsystematischen Darreichungsform methodische Züge annehmen. Schulische Schwierigkeiten im Zusammenhang mit Sozialerziehung bestehen im Vorwegnehmen der Handlung durch das Wort (der Lehrerin), dem (zu) engen Bezug an einfache Lerntheorien unter Ausblendung der Komplexität von Handlungsmustern sowie dem Außer-Acht-Lassen ihrer Genese. Diese Probleme berühren selbstverständlich auch den Genderaspekt. Bei Gruppenspielen werden Mädchen leicht nach der Regel verteilt: „Wir bekommen einen Jungen und ihr dafür zwei Mädchen." – die umgekehrte Variante gibt es selbstverständlich auch. Letztendlich können Pubertierende durch schulisches *Zusammen*spiel ihre eigenen Verhältnisse klären bzw. neu bestimmen. Und in einem guten Zusammenhang ergibt sich u. U. eine Möglichkeit zu klärender Kommunikation.

➢ *Konkurrenzspiele gehören nicht in eine ohnehin selektierende Schulumgebung.* Das Buch selbst widerlegt die in dieser Argumentation inhärente (innewohnende) These, dass *alle* Spiele von Konkurrenz geprägt sind. Im Gegenteil – dieser Band verquickt Spiele mit kooperativem Hintergrund mit solchen, in denen ein produktives Gegeneinander inszeniert wird. Erst ein ausgewogenes Verhältnis von *Miteinander* und *Gegeneinander* kann schulisches Zueinander fördern. Spiele sorgen selbst – mittels des Regelgefüges, der Strategiefolge oder des Verlaufs – für eine Äquilibrierung (den Ausgleich) von Wettbewerb und Kooperation. Und verschiebt sich dieses Gleichgewicht einmal, was durchaus vorkommt, so bestehen vielfältige Möglichkeiten einer Korrektur. Denken wir an das Gespräch über das Spiel (Metakommunikation), das Verhandeln der Ergebnisse („Das war nicht fair, weil …"), der Streit und dessen Beilegung („Wie wäre es, wenn wir noch einmal …") oder das Verlassen des Feldes.

Selbstverständlich selektiert Schule, vorsätzlich oder ungewollt. Systeme, in denen individuelle Interessen auf gesellschaftlich vereinbarte Normen und Vorgaben treffen, haben grundsätzlich sowohl Erziehungs- wie auch Auslesefunktion. Es kommt lediglich darauf an, ob diese – mittels demokratischer Instrumente, unter Einhaltung bestimmter humanistischer Wertekategorien und kommunikativer Muster – gelebt werden oder weitgehend Fassade bleiben.
Diese immanente Funktion der Institution Schule hat mit dem Wettbewerb im Spiel einiges zu tun. Gerade hier setzen sich eben nicht immer die (sonst) Besten, Stärksten, Schlauesten, Gehätschelten durch. Auch jene, die weniger bekannt sind, aber strategisch denken, solche Schüler, die sich gut absprechen oder einfach Glück haben, kommen zu ihren Chancen. Dabei erkennen Heranwachsende rasch, dass Lebenstüchtigkeit, Durchsetzungsvermögen, aber auch die Fähigkeit, sich zurücknehmen zu können eine durchaus vielschichtige Angelegenheit ist, deren Erwerb sich lohnen kann.
Abschließend soll noch einen Wert *ins Spiel gebracht* werden, dem Schülerinnen und Schüler stets gern folgen – gerade auch darum, weil ihre Rolle als Schüler/in sehr oft recht schnell nach Schulbeginn festgeschrieben ist und auch nach dem Schulwechsel in Klasse 5 oder 7 nicht wesentlich korrigiert wird. Spiel – und gerade die Theatralisierung von Lerninhalten – bringt alle Beteiligten in die Lage, spielerisch wechselnde Identitäten anzunehmen und wiederum preiszugeben. Wir kennen die Folgen von den Berichten in Lehrerzimmern und Pausenhöfen gleichermaßen. Schüler X. stellt sich im Spiel anders dar, als in der Leistungskontrolle in Geschichte. Schülerin Y., von vielen als Zicke erlebt, bekommt die Chance, als geschickte und gerechte Spielleiterin zu punkten… Und wenn der strenge Mathematiklehrer plötzlich seiner Vorliebe für Strategiespiele mit seinen Klassen teilt, erscheint er in anderem Licht. Statt Vokabeln erprobt der Spanisch-Kurs im Geh-Kreis den Zusammenhang zwischen Bewegung und Sprache. Das Behalten der neuen Begriffe kommt nicht selten dabei wie *von selbst*. Eine weitere langfristige Folge für die gemeinsame Lernarbeit in der Schule ist die hohe Motivation auf beiden Seiten.

2. Hier wird nicht gespielt! Oder doch?

Keinesfalls dürfen Spiele eine Zumutung für die Schule sein. Sie sollen Schülern und Lehrern, aber auch der Direktorin zunächst Spaß machen. Das bedeutet sowohl die Ausrichtung des Spiels auf zu erlernenden Inhalte bei gleichzeitiger Anregung sozialer Intentionen (Jungen-Mädchen, Freunde, Konkurrenten, Bewegung, Ruhe, Gemeinsamkeit, Variantendenken, Grenzen testen, Ausdrucksformen finden usw.). Die Verbindung von Inhalt und Form im Spiel wird auch in Zukunft – wenn wir es mit der Entwicklung von Innovation, Kreativität und Selbstvertrauen in der Schule ernst meinen – ein Paradigma in der Pädagogik sein.

Was können alle Beteiligten in der Schule dafür tun? Spielleitung von Lehrerinnen erfordert *erstens* ihre Fähigkeiten in *animativer Didaktik*. Der Freizeitforscher Horst Opaschowski skizziert Animation im Sinne von „beleben, ermuntern, in Stimmung bringen, begeistern, Impulse geben, Antrieb geben, motivieren, anregen, aktivieren, initiieren, ermutigen, befähigen" (Opaschowski 1977; 106). Eckart Bücken spricht von *Kreativierung* (*einsetzender Gestaltungsfähigkeit als Grundeigenschaft* - eingefügt von uns) der Mitspieler (in Baer 1996; 190). Werden diese Attribute mit dem Anregungs- und Fördergedanken von Lernprozessen sinnstiftend verbunden, kann das Spielen im Unterricht der Schule eine Aktivierungschance und Kommunikationsförderung zugleich sein.
Zweitens können Lehrerinnen und Lehrer durch die Kenntnis und Neukombination von Spielregeln und -inhalten den Spannungsbogen der Schüler erweitern helfen. Eine solche Partizipation kann gegenseitiges Verständnis ebenso befördern, wie es die Solidarität aller Schulpartner anregt. Letztendlich wird bei intensiver Teilnahme aller auch die Regeltoleranz der Lehrerinnen erweitert. Durch erfolgreiches Spielen wird die Lust am Probieren – die Vergrößerung der *Spielzeit* und das Zutrauen gegenüber den Lernenden wahrscheinlich. Dieses Zutrauen weckt neue schöpferische Kräfte bei den Schülerinnen... Ein sich selbst beflügelnder Erfolgskreis beginnt sich zu öffnen.
Drittens beginnt seit einiger Zeit ein Teil von Lehrenden sich wirklich und ernsthaft der Forderung Andreas Flitners anzuschließen, dass Heranwachsende beim Spiel in aller erster Linie „spielen" lernen und diese Prozesse durchaus auch im schulischen Umfeld – gerade in der Sekundarstufe – beförderungswert sind. Nicht vergessen sei jedoch in diesem Zusammenhang, dass Schule das Spiel immer auch als (Be)lehrungsmittel einsetzen wird – für inhaltliche Aspekte, Vollzüge, Anwendungen oder sogar Neukombinationen. Der prinzipiellen und ausschließlichen *„Verzweckung und Nutzbarmachung"* (vgl. Flitner 1986) von Spielen soll in der Schule nicht widersprochen werden. Wenn das Lernen durch Spiel primär oder sekundär (wieder) möglich wird, verschieben sich die Verhältnisse zugunsten:

- einer langsamen und langfristig angelegten Übungsfolge.
- der Vervollkommnung sensomotorischen, kommunikativen und gestalterischen Könnens, von Auffassungen und Geschicklichkeit.
- inhaltlicher Beherrschungsdimensionen von Spielen, deren Regelkonstrukten und strukturellen Transfer.
- von Ausdruckmöglichkeiten und spielerhaltender bzw. spielfördernder Imagination.
- der allmählichen Beherrschung sozialer Anforderungen *im* und *durch* Spiel.

Die Akzeptanz dessen jedoch fällt manchem durchaus schwer. Resultate werden teils zwar bewusst erlebt, ein ununterbrochener Umgang jedoch ist in der Bereitschaftsbreite von Lehrerinnen und Lehrern ausbaufähig. Hinsichtlich der Erfassung kognitiver Aufgaben und Elemente werden Spielelemente häufiger genutzt – auch wenn es manchem gar nicht mehr auffällt. Dass das Spielen das Lernen

partiell unterstützt, wird selbst in den didaktischen Periodika immer wieder durch gute – weil gelungene Beispiele – skizziert. Der Mangel an Spielideen und Umsetzungsmethoden jedoch lässt – wiederum in der Sekundarstufe – den Unterricht schnell wieder in die sattsam bekannten methodischen Grundformen zurückfallen.
Zudem macht die simple Handhabe unterschiedlichster kommerzieller Angebote das Spiel meist nur zu spielerischer Einkleidung und damit zu einem fragwürdigen Artefakt, mit dem die „Spielvergessenheit der Schule" (Hielscher 1992) nicht auf- oder gar durchbrochen werden kann. Da pädagogische Grundeinstellungen sich nicht ad hoc, sondern sogar unter pädagogischer Beeinflussung (beispielsweise in der Veränderung des Schulsystems) nur relativ langsam ändern, kann eine Reihe der oben angedeuteten *konservativ-ablehnenden* Aussagen zu einem Teil begreiflich machen. Vielleicht kann das vorliegende Buch einen kleinen Beitrag zur Überwindung der Barrieren leisten.

3. Spielen in der Sekundarstufe

Es darf also, nimmt man das Gros der Leistungskurse in der gymnasialen Oberstufe einmal aus, nicht mehr ganz grundsätzlich um die Frage gehen, ob gespielt wird. Lehrende beschäftigt aber durchaus das Problem der Grundidee, von Umsetzung und Spielführung, sowie der Lernertrag.
Offenbar benutzen Lehrerinnen und Lehrer – wenn sie spielen – das Spiel in einer Art modularen Angebotes. Entweder dies geschieht als fester Bestandteil oder als kaum benutztes Mittel im pädagogischen Konzept. Dies erklärt den hohen Verzichtsanteil von Gymnasiallehrerinnen gegenüber dem Unterrichtsspiel – die meisten sind von dessen Wert nicht überzeugt. Ihr didaktische Weltbild lässt Spiel nicht zu, sie kennen keine geeigneten (Lern)spiele oder verfügen über mangelhafte Fähigkeiten der Spielführung. Spiele werden lediglich angeboten (Trautmann 1997a):

- bei scheinbarer Überforderung der Schüler,
- als außergewöhnlicher Programmpunkt im Schulalltag,
- nach absolvierten Lernphasen bzw. -programmen,
- nach dem Schaffen eines „Solls" an Lehrstoff,
- zur besonderen „Belohnung",
- zum Ausgleich von anstrengender geistiger Arbeit,
- bei offensichtlichen oder maskierten Vorbereitungsmängeln der Lehrerin,
- als spielerische Verpackung von Lernaufgaben,
- als Strukturhilfe freier Zeiteinheiten (Zeitfüller),
- zur Erhaltung und/oder Verstärkung des Lern- und Arbeitswillens (Motivationskrücke).

Eine Kategorie in dieser Aufzählung (die keine Rangfolge darstellt) fehlt. Spiel vernetzt bestimmte Lernstoffe intensiver. Dies geschieht durch eine Reihe be-

stimmter Modalitäten, die alle eines gemeinsam haben – die gehirngerechte Aufnahme von Sinnesreizen und deren adäquate Verarbeitung. Korrespondierende Stichworte dieser komplizierten Vorgänge (hervorragend beschrieben durch Frederic Vester 1997) sind Produktion statt Rezeption, Nutzung vieler Eingangskorridore statt mono- bzw. oligosinnliche (geringsinnig) Aufnahme und somit optimaler Zugang zur Amygdala (der Struktur im limbischen System des Gehirns), welche das emotionale Verhalten steuert – und höchst wahrscheinlich auch die Verbindung zwischen Erregung und Gedächtnis herstellt (vgl. Comer 1995; 780). Die Erfahrung durch den bewussten Einsatz von Körperlichkeit in den Vollzügen empfehlen wir gerade Mittel- und Oberstufenlehrerinnen, da sie dabei neben den oben genannten weitere wichtige Erfahrung sammeln können – z. B. das Wiederfinden einer kombinierten Nutzung der Sinnesorgane, das Zurückgreifen auf bestehende Erfahrungsmuster u.v.m. Das vorliegende Buch soll sich mit den Unterrichtsanregungen auch *dabei* als hilfreich erweisen. So sind unsere Spielkommentare sowohl inhaltlich, wie auch didaktisch so angelegt, dass ein direkter Bezug zum schulisch-unterrichtlichen Einsatz gegeben ist.
In welchen Zusammenhang die Lehrenden das Spiel stellen, ist im Endeffekt sekundär. So kann ein Angebot als *Ausgleich zur bewältigten Lernarbeit* gelten, von einzelnen Schülern jedoch direkt für den Transfer des *eben Behandelten* in Anwendungsbereiche genutzt werden. Deshalb sollte auch in Zukunft der Definition von Spielen hinsichtlich ihrer Förderqualitäten hohe Aufmerksamkeit geschenkt werden.
Aber auch die Beendung von Spielaktivitäten folgt bestimmten Regeln. Spiele werden allgemein beendet durch

- Abbruch.
- Ausklingen lassen.
- Vertrauensgesten.
- Hinweise auf stoffliche Vorhaben.
- Hinweise auf zeitliche Rahmen.
- Überschreitung des Spannungsbogens (von Lehrerinnen und/oder Schülern).
- Veränderungen der Tätigkeitsstrukturen.

Auf eine häufige, jedoch in solchen Zusammenhängen nie gekennzeichnete Form des Spielabbruchs soll noch hingewiesen werden. Sie hat indirekt etwas mit dem Problem der Spannung und Überspannung zu tun, geht jedoch darüber hinaus. Wir bezeichnen die Form als *Aus dem Feld gehen*. Sie ist dort aufzufinden, wo das soziale Miteinander prinzipiell oder punktuell aufgegeben wird, vielleicht nur sehr kurz. In diesem Moment wird zum Beispiel auf Kosten eines oder mehrerer Spieler gespielt. (Martin Luther nannte dies, jemanden *in den ars (*zu*) spielen.*)
Die kurzfristigen Wirkungen scheinen unbedeutend – die Gruppe hat auf Kosten einer Einzelnen gelacht und fühlt sich allgemein gut. Jene Einzelspielerin wird allerdings nie mehr in diese (Spiel)Rolle zu gelangen suchen. Gruppendynamisch geschieht nun Folgendes: Alle anderen vermeiden hintergründig, selbst einmal in diese Position zu kommen und werden sich aller Schritte in diese Richtung zu

entziehen trachten. Dieses fraktionierte Misstrauen aber zerstört das Spiel (und die Gruppe) von innen her. Lehrerinnen sind sich dieser Gefahr oft nicht bewusst. Daher ist in den unterrichtspraktischen Angeboten kein Spiel zu finden, bei der es zu solchen Konstellationen kommen kann. Unabhängig dessen müssen sich alle Beteiligten – Lehrerinnen und Heranwachsende – über die kommunikativen Rahmenbedingungen klar sein – so zu agieren, dass sich niemand veranlasst sieht, aus dem Feld zu gehen.

4. Theatralisierung von Lernprozessen

Sehen wir uns ein gutes Schauspiel an, kann man sehen, spüren und hören, wie sich Leidenschaft entwickelt, ein Vorgang verwirrt und löst oder eine Intrige entspinnt. Mitunter breitet sich im ganzen Zuschauerraum eine Stimmung aus, die sehr nachhaltig wirkt.
Es gibt auch Unterrichtsstunden in der schulischen Praxis, die ein solches Charisma besitzen. Die Heranwachsenden und Lehrerinnen verspüren gleichermaßen den Auftrieb, der darinnen wohnt. Nach dem Erlebnis einer solchen Stern-Stunde können alle wieder eine Reihe *normaler* Stunden mit hohem Rezeptionsanteil zulassen.
Fragt man jedoch, was in einer solchen Stunde geschah, fällt die Antwort meist ziemlich ernüchternd aus. „Wir haben etwas verstanden" sagen die einen, andere würdigen: „Wir konnten etwas ausprobieren". Lehrerinnen betonen, dass sie am Anfang der Stunde meist noch nicht das Ergebnis kannten, die Schüler aber „einmal ihr eigenes Potenzial testen" lassen wollten.
Unabhängig von solchen *großen* Erlebnissen sollten wir den Trend dieser Aussagen erkennen und zusätzlich die Ergebnisse der Hirnforschung beachten. Wird nämlich ein zu lernender Zusammenhang nicht nur besprochen, sondern „körperlich" gemacht, sind Behaltens- und Vernetzungseffekte um ein Vielfaches höher. Die Frage ist, wie man dies unter den Verhältnissen einer Schule und der Klassensituation effektiv tun kann.
Derartige Unterrichtsstunden bzw. -bestandteile bedürfen selbstverständlich einer Vorarbeit der Lehrerin, werden im Vollzug jedoch weitestgehend durch die Schüler aktiv selbst gestaltet. Dies geschieht unter Einsatz des gesamten Körpers. Schule und Schülerinnen stärker *in Bewegung* zu bringen und damit neue Lernzugänge *aus Körpersicht* zu ermöglichen, ist eine Kennzeichnung des Ansatzes. Man kann damit durchaus *klein* beginnen – erstens um den Vollzug zu testen und zweitens, um die Schülerinnen und Schüler nicht zu verschrecken. All dies bringt Körperlichkeit in die Lernvorgänge:

- Unterstützung neuer Vokabeln mit bestimmten Körperbewegungen (Assoziationslernen)
- Aufstellung der Schüler nach bestimmter Reihenfolge (z. B. als Abschnitte des Magen-Darmtraktes)
- Körperliche Zusammenarbeit durch Bewegung als Schema komplexer Vorgänge (Gegenstromprinzip im Hochofen, Legislative und Exekutive etc.)

In der Körpersprache erfolgt stets die eigentliche Umkodierung von Gedanken in Materie. (Beim Betreten des Zimmern einer „schwierigen" Klasse wird dies z. B. bei Lehrerinnen und Lehrern als Muskelanspannung *sichtbar*). Schauspieler nutzen solche Mittel sehr bewusst und wenden sie entsprechend ihrer Rolle an. Unterricht soll natürlich eine andere Ebene nutzen. Aber zur Sprache des Körpers stärker zurückfinden und sie als *eine* gewollte Erweiterung der Kommunikation dienen zu lassen, ist Bestreben der Theatralisierung.
In Schulen vieler Länder, die im PISA Vergleich an der Spitze liegen, gehört der Einsatz des ganzen Körpers für das Lernen zum ganz normalen Programm. Der Lernalltag japanischer Schüler ist voller Körpereinsatz. Keine Lehrerin in einer nordeuropäischen Schule wird sich „komisch" vorkommen, vor bzw. mit ihren Schülerinnen und Schülern eine memorierende Kreuzgangsprozession zu veranstalten, um deren meditativen Background nachzuspüren. Koreanische Achtklässler stülpen sich vergnügt Eimer über den Kopf, um damit den Zusammenhang von Lautbildung und Schall zu begreifen.
Gedankliche Prozesse – das ist unbestritten – können mittels des Körpers auf diese Weise sichtbar gemacht werden. Die Sprache als *Träger des Gedankens* besitzt eine ungeheure Geschwindigkeit – Theatralisierung (in der Schule) entwickelt dafür eine slow motion. Die Vorgänge verlangsamen den Denkfluss, machen ihn dafür intensiv erlebbar. Gebärdensprache baut Bilder und Vollzüge mit den Händen. Körperhaltungen illustrieren Zusammenhänge, eine Gruppe kann ein komplexes Gebilde modellhaft darstellen… Theatralisierungselemente nutzen Kopf, Hände, Körper und Mimik, um den Weg der Gedanken und/oder das Ergebnis von Denkprozessen sichtbar zu machen. So werden Begriffe be-*greif*-bar. Die Einheit von Gedanken und Körper(lichkeit) vollzieht sich sichtbar. In Bewegungen verändern sich unsere *Stand*-Punkte. Spielende Lerner sind aktiv und ihre Flexibilität entwickelt neue *Sicht*weisen. Gleichzeitig beeinflusst alles was der Körper tut, unsere Gedanken und Empfindungen. Letztendlich ergibt sich daraus eine völlig neue Kommunikationsebene, die Fragen ermöglicht und der Lehrerin zeigt, wo unter Umständen der Begriff noch nicht begreifbar ist.
Auf diese Weise lassen sich aber auch abstrakte Gedanken in der Sprache und Ausdrucksmöglichkeit unseres Körpers durch*schaubar* machen. Diese andere Erkenntnis kann sich auf Bildungsinhalte, Lernstoff und logische Ableitungen – die theoretisch operationalisiert auf den ersten Blick gar nicht logisch erscheinen – beziehen. Begriffe erhalten neue Assoziationsfelder. Je mehr bekannte Assoziationen aber durch die neue Information entstehen, desto größer ist die Chance eigene (Denk)Aktivität zu entfalten. Aber genau dies ist Aufgabe der Schule. Die Lehrpläne sind voll von Begriffen wie vernetztes Denken und komplexes Sinnerfassen. Hiermit wird es befördert.
Mit vielerlei Dingen kann gearbeitet werden – mit Begriffen, Personen, Materialien, Medien etc. Ihre Wechselbeziehungen werden durch Bewegung(en) – vielleicht unter Hinzunahme der Sprache – transparent. Inhalte erschließen sich so mittels *bild*haften, *motor*ischen und *logisch*en Denkens und Handels. Erst dadurch verankern sich Sachverhalte stärker im Gehirn. Das Gehirn aktiviert ne-

ben dem Großhirn das Kleinhirn sowie das limbische System. Frederic Vester (1997) fordert von Lehrenden, die sinnlichen Eingangskanäle zu erweitern, den haptischen (anfassen, körperliche Bewegungen vollziehen), gefühlsmäßigen, visuellen und auditiven Sinn grundsätzlich stärker zu nutzen, um Verdrahtungen im Gehirn und damit Assoziationsfelder zu verstärken. Er betont dies gerade für den Bereich, in dem besonders wenig damit gearbeitet wird – die Sekundarstufe.
Im Spiel und der theatralisierten Modellierung stellen sich die Akteure dar, vor, auf und an. Sie werfen in diesen Prozessen Fragen auf, schlagen in Büchern nach, korrigieren sich, kommunizieren, gehen von einem Ort zum anderen, repetieren und prägen sich vieles ein – kurz, sie lassen Denken zu. Eine derartige Lernatmosphäre schafft positive Gefühle – nehmen wir einmal die u. U. in ihrer Ruhe gestörten Kolleginnen und Kollegen aus, wenn Sie den Schulflur okkupieren (vereinnahmen).
Theatralisierung – die Einführung von Körperlichkeit in abstrakt-logische Lernvollzüge – ereignet sich jedoch nicht von selbst. Daher haben wir versucht, in dem vorliegenden Angebot nach Möglichkeit immer auf die Stellen zu verweisen, wo dieser direkte Bezug zum inhaltlichen Lernen von *Stoff* her gegeben scheint. Selbstverständlich lassen sich nicht alle Bezugspunkte und -größen, Fächer und Lehrplaninhalte aufzeigen. Wir glauben aber, dass Lehrenden als Fachfrauen und -männer die Grundideen der Spielidee auf ihre Profession, den Schwerpunkt und die Lernziele transformieren können.

5. Spielen als soziale Interaktion

Auf den *sozialen* Gehalt der Tätigkeit *Spielen* ist bereits mehrfach hingewiesen worden. Auch in den Kommentaren unserer unterrichtspraktischen Angebote ist dies der Fall. Sie weisen auf Qualitätsmerkmale hin, die allgemein mit den Begriffen:

- Abstraktionsfähigkeit (das Vermögen, von einem konkreten Sachverhalt auf ähnliche oder divergierende Verläufe zu schlussfolgern),
- sprachlicher Desambiguierung (das Eindeutig-Machen uneindeutiger Situationen und Verläufe durch Versprachlichung oder Darstellung),
- mehrkanaliger Kommunikation (das Vermögen, sich sprachlich, nichtsprachlich und körpersprachlich eindeutig auszudrücken),
- problemlösendem und strategischem Denken (die Fähigkeit, sich gestellten Problemen „breit" zu nähern und die bisher erarbeiteten Kenntnishorizonte kundig einzusetzen)

gefasst werden und durchgängig in den Vorworten vieler Lehrpläne verankert sind. Spiel kann diesen Forderungen eher entsprechen, als ausschließlich künstlich geschaffene, rezeptiv zu bewältigende didaktische Unterrichtssequenzen. Selbstverständlich wird Spiel jedoch nie die Ursachen (z. B. aggressiven Verhaltens) allein beseitigen können.

Lernen geschieht ständig und lässt sich nicht auf bestimmte Unterrichtsstunden reduzieren. Ein kommunikativ anspruchsvolles Unterrichtsverständnis und entsprechende Sozialformen haben ebenfalls günstige Wirkungen. Bestimmte Fächer sind dazu prädestiniert, Probleme sozialen Miteinanders in besonderen Maße zum Gegenstand zu machen. Generell scheint Lernen dann in hohem Maße erfolgsorientiert, wenn:

- *möglichst viele Lernwege berücksichtigt werden.*
- *Maßgaben geistigen und sozialen Handelns strukturell transferiert werden.*
- *soziale Lernelemente ungezwungen angeboten werden.*

Spiel und Theatralisierung vermag es, diese drei Kriterien sowohl Schülern als auch Erwachsenen in vernünftigem Maße zu präsentieren. Bereits die Unterschiedlichkeit der Spielkategorien lässt dies erahnen (z. B. Bewegungs-, Geschicklichkeits-, Gestaltungs-, Symbol-, Denk-, Lern-, Wahrnehmungs- oder Selbsterfahrungsspiel). Besondere Aufmerksamkeit kommt den kooperativen Spielen zu, bei denen der Wettkampfgedanke zugunsten gemeinsamer Erfolgserlebnisse verschoben ist. Dabei sollten Lehrerinnen und Lehrer die kooperativen Spiele nicht vorschnell als Kinderei abtun – sind doch so komplexe Vorgänge wie Netzwerkpartys oder die berühmten Spielkettenabende allesamt dieser Natur.

Maßgaben sozialen Handelns sind gleichsam jene Wertevorlagen, die sich in Wortmustern wie: *„Du sollst nicht…"* oder *„Es ist ratsam…"* manifestieren. Als Worthülse allein sind diesbezügliche Erkenntnisse für Heranwachsende wenig attraktiv. Wenn sie jedoch an vielen Schultagen, in zahlreichen Unterrichtsstunden und bei der Mehrheit ihrer Lehrerinnen, Lehrer und Mitschüler Gelegenheit haben, die Richtigkeit solcher Wertemuster für ihr eigenes Leben zu erfahren, werden sie diese in ihr Selbstkonzept übernehmen. Dies geschieht in den unterschiedlichsten Formen, beim Lernen, im Spiel, der formellen Kommunikation und dem Gespräch zwischendurch. Werden diese Maßgaben – variiert, aber in der gegebenen Form – immer neu übertragen nenn man dies einen strukturellen Transfer. Hans Hielscher (1987) hat dazu den Begriff *Lernset* entwickelt, um mit dem Lehrerinnen und Schülern gemeinsam an ihrer Sozialkompetenz üben zu können. Das muss nicht immer im Gespräch erfolgen. Erfahrungen mit gelungenen Spielen und/oder Momenten der Theatralisierung in und außerhalb des Unterrichtes lassen Lehrende immer wieder auf diese Form zurückkommen. Zumal lassen sich dort eine ganze Reihe weiterer soziale Lernelemente, wie Frustrationstoleranz (*Man muss auch mal verlieren können, Zähne zusammenbeißen usw.*), Rollendistanz (*Primus? Mitläufer? Anstifter? Wer bin ich in Mathe, in Deutsch, auf dem Schulhof, im Sport, in der Gruppe?)* oder ein abgrenzbares Selbstbild (*Wie sehe ich mich? Wie sehen mich die anderen?)* immer neu erproben und prüfen.

Spiel ist jedoch beileibe nicht die allzwecktaugliche Wunderwaffe zur Bewältigung gesellschaftlicher Verwerfungen an sich. Deshalb ist es notwendig, trotz der Argumentation spielerischer Sozialerziehung darauf hinzuweisen, dass es in diesen Prozessen *oft zu Retardationen (scheinbaren Entwicklungsrückschritten) und*

Stagnation (Stillstand) kommen kann. Kein Lernprozess verläuft linear. Gerade in den zwischenmenschlichen Beziehungen kommt es vor, dass mühsam und langwierig erarbeitete Grundnormen plötzlich aufgekündigt, durchbrochen oder auch mit Vorsatz verletzt werden. Es geht dann vorrangig darum, die Kommunikation nicht abbrechen zu lassen – einschließlich erzieherischer Maßnahmen. Keinesfalls soll das Netz der unterschiedlichsten Bedingungsgefüge zerrissen werden. Auch hier hat die (Wieder)aufnahme ins Geschehen, in die Gruppe, in die gemeinsame Arbeit („Jemanden ins Spiel bringen") Priorität, bei der das Spiel hilfreich sein kann.

6. Die Rolle der Schüler

Wenn Didaktik *ins Spiel* kommt, so ist es meist um ihr Merkmal der intrinsischen Motivation geschehen. Im größten Teil der hier vorgestellten Spiele ist dies durchaus der Fall. Denn es geht in diesem Buch nicht um ein Plädoyer für die Rückkehr des freien Spiels in die Schule. Vielmehr soll das gemeinsame, angeleitete bzw. impulsorientierte Spiel im Unterricht angeboten werden. Wir tun dies auch in Kenntnis der Warnung von Jürgen Fritz, wonach der Nützlichkeitsgedanke beim Spiel zu einer Legitimierungspraxis geführt hat und Spiele mit einem differenzierten Lernzielkatalog versehen werden (Fritz 1986; 11). Die hier angebotenen Spiele für den Unterricht bedürfen keiner Legitimation – sie sollen per se die Spielenden überzeugen. Lehrerinnen können sich am didaktischen Kommentar orientieren. Denn ältere Schülerinnen und Schüler benötigen keineswegs mehr das Gefühl, dass Spiel würde ihnen quasi zweckfrei präsentiert oder es wäre ein Beitrag, sich vom täglichen Lernstress zu erholen. Gerade in der Präsentation des Spiels als interessante Lernform besteht die große Chance der Annahme des Vorgangs durch die Heranwachsenden.
Welche Rolle(n) nehmen Schüler und Schülerinnen – zumal wenn sie Jugendliche sind – beim Spiel im Unterricht ein? Zunächst, so glauben wir, müssen sie nachdrücklich erfahren, dass der angekündigte Vorgang (der nicht unbedingt als Spiel firmieren muss) eben keine Fortsetzung des Lernens, sondern ein Erkenntnisvollzug mit anderen Mitteln ist.
Der Lernstoff präsentiert sich aus einer anderen Perspektive. Die Vereinzelung in der Gruppe weicht einer gemeinsamen Arbeit. Kommunikation ist notwendig und die Rezeption, das eher passive Aufnehmen wird zurückgedrängt. Besondere Bedeutung aber haben Spiel- und Theatralisierungsprozesse für alle Beteiligten auch aus Sicht eines sich einstellenden Flow-Effektes. Nach Mihaly Csikszentmihalyi (vgl. 2002) ist Flow ein Bewusstseinszustand, der vornehmlich durch zwei Elemente gekennzeichnet ist. Zum *einen* ist man so sehr in eine Tätigkeit – etwa in den Vorgang, die Probe, das Projekt etc. – vertieft, dass nichts anderes eine Rolle zu spielen scheint. Man geht in dem, was man gerade tut, auf, ohne irgendwelche anderen Gedanken oder Emotionen zu haben. Zum *anderen* ist Flow ein erfreuliches harmonisches Erlebnis, bei dem man das Gefühl bekomme,

dass etwas Besonderes mit einem geschehe. Der Flow-Zustand werde, so Csikzentmihalyi herbeigeführt, wenn man freiwillig etwas Schwieriges und persönlich Bedeutungsvolles erreichen wolle, die Konzentration ausschließlich auf die Aufgabe gerichtet sei und dabei „Körper und Seele [...] bis an die Grenzen angespannt sind." (2002; 16). Spiel- und Theatralisierungsprozesse sind keine unkomplizierten Bagatellen, die im Vorbeigehen bewältigt werden können. Diese Erkenntnis hat jeder gemacht, der sich intensiv in ein Spiel hineinbegeben hat. Und daher dürfen in den Spielhandlungen der Sekundarstufe die Schwierigkeitsgrade hoch, jedoch nicht utopisch angesetzt werden. Denn bei den Verrichtungen muss die Aufmerksamkeit (Csikszentmihalyi spricht von der *psychischen Energie*) für realistische Ziele verwendet werden. Das heißt, die Aktivität darf weder über- noch unterfordern. Die Fähigkeiten müssen den Handlungsmöglichkeiten entsprechen.

Letztlich bringt die Aufmerksamkeit im Flow-Zustand, die man zum Erreichen eines Zieles verwendet, „Ordnung ins eigene Bewusstsein", weil man alles andere um sich herum vergisst. Nur sie (die Ordnung) bestimmt, was im Bewusstsein geschieht, sie hat die Kontrolle über das Bewusstsein, und alle Gedanken, Absichten und Gefühle arbeiteten auf das gleiche Ziel hin. Indem man jedoch die Kontrolle über das Bewusstsein erlangt, erreicht man ebenfalls die Kontrolle über die Qualität der Erfahrung. Das „Selbst" (2002; 71) reift nach einer Flow-Erfahrung und wird komplexer. Menschen entwickeln hierbei ein stärkeres Ich und werden selbstsicherer, weil die aufgewendete psychische Energie zu erfolgreichen, erfreulichen Ergebnissen geführt hat. Außerdem fühlt man sich nach einem Flow-Erlebnis im Einklang mit dem, was man tut und ist glücklich, weil man eine Aufgabe bewältigt hat, die Können und Konzentration erforderte.

Das Gegenteil beschreibt Brian Sutton-Smith. Ist Spiel erst einmal pädagogisch „verkoppelt", wird es rasch zu einem simplen Belehrungsmittel. Auch zu leichte Spielhandlungen bewirken keine echte Anstrengung. Darauf wird in der Literatur mehrfach warnend hingewiesen (vgl. u.a. Renner et al 1997). Gerade darauf reagieren Heranwachsende eindeutig. Sie lehnen es ab. Flow-Erlebnisse finden gar nicht erst statt.

Aber auch die Inhalte selbst interessieren Schülerinnen oder stoßen sie ab. Wir wissen es alle aus unserer eigenen Schulzeit – mitunter wird *über die Lehrerin* auch das Fach bzw. die Schulzeit schön. Andererseits können durchaus interessante Inhalte – sind sie didaktisch lebensfern oder gar nicht aufbereitet – den Aktivitätszirkel der Schülerschaft bedrohlich gegen Null sinken lassen. Deren Rolle wird sich schlagartig ändern, wenn sie aus der rezeptiven Haltung von (*Zu*)sehenden, (*Hin*)hörenden und (*Mit*)schreibenden heraus gefordert werden und produktiv handelnd lernen (u.a. durch begriffliches Ordnen, Ausschließen, Ableiten von Kausalbeziehungen, finales Urteilen, Gestalten ...). Diese Umkopplung tradierter Rollenmuster gehört zu den großen Leistungen, die dem Spiel in der Schule zukommen kann.

Schülerinnen und Schüler wollen mit dem Gelernten grundsätzlich auch etwas anfangen können. Sie wollen den Sinn des Gelernten im Leben wiedererkennen,

es für ihren eigenen Lebensbereich nutzen, mit Gelerntem umgehen. Hierin besteht wahrscheinlich die Crux vieler Lerninhalte höherer Bildungseinrichtung. Während jedem Kind das Lesen, Schreiben und Rechnen als erstrebenswert gilt, haben viele Jugendliche Probleme zu erkennen, wozu eine vollständige Induktion oder die Formelkenntnis von Isopropanol für ihren Alltag hilfreich sein könnte. Alle, die an Erziehung beteiligt sind, sollten sich die Frage des Lebensbezuges öfter stellen – spätestens dann, wenn Schüler in der Schule zu fragen beginnen: „Wozu brauche ich denn das?" *Anwendungs*felder – wie sie neben Spiel, in Projekten, anderen Unterrichtsfächern oder der Lebenswelt etc. darstellen – zeigen den Schülerinnen und Schülern letztendlich den Wert des Gelernten. Dies wiederum hat aber katalysierende Konsequenzen auf den Wirkungsherd Unterricht. Trotz aller Irritationen muss grundsätzlich davon ausgegangen werden, dass Kinder und Jugendliche lernen wollen. Allerdings begehen wir oft den Denkfehler, dass sie es auch *in der Art und Weise* wollen, die Lehrerinnen als erfolgversprechend lokalisieren. Da wir eben den Ausdruck *Schüler* und *Schülerin* vermieden, bedeutet nichts anderes, als dass sich Lernen (und der Wille bzw. das Vermögen dazu) sehr wohl formell (in der Schule) und informell (in der Lebenswelt) vollzieht. Allerdings mit höchst unterschiedlichen Ausprägungen.
Jeder Mensch verfügt über ein höchst spezifisches System veränderlicher Strukturen im Gehirn. Deren Aufbau und Änderung sind ebenfalls individuell und finden idiosynkratisch (widerwillig, hemmnisbehaftet) statt. Eine Umformung bedarf daher bestimmter Spielräume, die eine Suche nach kreativen, originellen, vielleicht auch lediglich subjektiven Lösungen erlauben (Mielke 2001). Einerseits müssen Schüler also zweifellos das unterrichtliche Lernen lernen. Andererseits haben sie bereits eindeutig funktionierende Lern- und Behaltensmuster. Das Komplizierte ist wohl, jene Lernmuster produktiv für den Erwerb weiteren Lernstoffs zu nutzen. Durch Ganzkörperarbeit in Theatralisierungsprozessen und die multisinnlichen Lernerfahrungen im Spiel können die Schülerinnen und Schüler jene Settings proben, die Lern- und Erfahrungsgewinne erzeugen. Dies können sie allein und im Verbund mit anderen tun. Die Lernenden erleben Dinge *unmittelbar* – aus erster Hand – und außerhalb des künstlich modellierten Rahmens *der* Unterrichtsstunde. Hier finden sie den bemerkenswerten Entfaltungsraum, der Chancen eröffnet, sowohl zu erfahren wie auch zu festigen, Ideen aufzunehmen und Gedanken weiterzugeben.

7. Die Rolle der Lehrenden

Lehrerinnen und Lehrer der Sekundarstufen benötigen per se nicht die Kenntnis einer Vielzahl unterschiedlicher Spiele. Vielmehr sollten sie einige Strukturen erlernen, aus denen Sie dann unterschiedliche fachbezogene oder überfachliche (z. B. soziale) Spielangebote ableiten können. Ältere Schülerinnen und Schüler der Sekundarstufe II spielen ebenso gern, wie jüngere, auch wenn sie dies schwerlich offen zugeben würden.

Es wäre irrig, würde man postulieren, dass Lehrerinnen unvermittelt ihre Rolle aufzugeben haben, wenn Spiel in den Unterricht tritt. Erstaunlicherweise ist aber genau dies die große Angst mancher Gymnasialkolleginnen und -kollegen, bei denen wir Fortbildungen halten durften. *„Man macht sich da zum Kasper"* ... *„Ich kann danach doch nie wieder vernünftigen Unterricht machen..."* oder *„Meine Klasse würde sich doch nicht wieder einkriegen..."* sind nur drei Äußerungen derartiger Ängste. Ohne auf eine detaillierte Widerlegung einzugehen, müssen wir zunächst solche Befürchtungen akzeptieren. Denn keine Lehrerin sollte sich zwingen, zu spielen. Dabei würde viel Authentizität verloren gehen. Andererseits muss sich die Kollegin oder der Kollege natürlich fragen lassen, welche Auffassung von Autorität er pflegt. Glaubt er „alles ist vernünftig, was man mit einem ernsthaften Gesicht tut?" (Lichtenberg). Trägt nicht „alles Menschenantlitz, was spielt?" (Schiller).

Selbstverständlich obliegt den Lehrenden auch in Spielphasen weiterhin die Organisation, die Gestaltung und Verantwortung über den Gang der Dinge. Demnach ist es keine Frage der Quantität, diese Rolle zu verstärken oder zu vermindern. Vielmehr findet in jenen Unterrichtsphasen ein qualitativer Wandel der Lehrerrolle statt. Dieser umfasst sowohl das Einlassen auf die mit dem Spiel einher gehenden kommunikativen Veränderungen, wie auch die Kenntnis über mögliche bzw. wahrscheinliche Vollzüge bzw. Problemlagen. Hier gibt es eine Reihe lesenswerter Veröffentlichungen, die sich dieser Thematik umfassend widmen (u.a. Ulrich Baer 1996).

Durch die Veränderung der Lehrerrolle profitieren jedoch nicht nur die Lehrenden selbst (u.a. durch das Aufzeigen ihrer Souveränität, die Abgabe von Verantwortung, veränderte Kommunikationsstrukturen). Auch die Klasse, die Gruppe, der Kurs wird verändert agieren (Annahme von Tätigkeitsangeboten, hinterfragendes Sachinteresse, gruppendynamische Prozesse usw.). Letztlich erhält auch der Unterricht ein verändertes Gesicht. Denn mit den neuen Erfahrungen ausgestattet, beziehen sich Lehrerin und Gruppe verstärkt auf *dieses Beispiel*, um Lernvorgänge, Sachlagen oder soziale Probleme zu illustrieren.

In unseren Spielvorschlägen ist einmal von der Lehrerin, mitunter auch der *Spielleiterin* die Rede. Wir verwenden die Begriffe synonym. Ob sich der Lehrer als Initiator der Spielhandlung versteht oder aktiv vor- bzw. mitspielt, ist damit gleichermaßen gemein.

Ob die Lehrerin im weiteren Verlauf *von draußen* das Spiel beobachtet und einen Schüler als Leiter einsetzt, oder ob sie als Spielleiterin aktiv mittut, hat unterschiedliche Effekte. Denn sie kann parallel Initiatorin sein, Moderatorin, Außenstehende, Beobachterin, Schiedsrichter, Schlichterin und vieles mehr. Sie kann sich letztlich auch unauffällig in den *Mitspieler*kreis zurückziehen und eine Schülerin als Leiterin einsetzen. Nach einer kurzen Zeit wird dies nicht nur natürlich sein, sondern wahrscheinlich von der Klasse auch geschätzt.

Für Lehrerinnen und Lehrer gibt es im Spielprozess eigentlich nur eine einzige Regel: Lange Diskussionen *vor* der Spielerfahrung selbst sind für das Spiel und die Gruppe fast immer „tödlich". Diese Anmerkung muss gerade bei einem Buch für

die Sekundarstufe gemacht werden. Lehrerdasein ist nun einmal ein Sprechberuf und wir hören uns nicht selten (zu) gern reden.
Warum sollten Lehrerinnen und Lehrer (mit)spielen? Ihre Rolle im Spielprozess sei hier kurz durch sieben Gründe belegt. Diese kommen in jeder Person in unterschiedlichen Gewichtungen vor und durchdringen sowohl die Selbstorganisation, wie auch die Berufsauffassung.

1. Didaktische Gründe

Lehrerinnen und Lehrer, die sich einer didaktischen Vielfalt gegenüber ihrem Fach verpflichtet sehen und deren Instrumentarium breit gefächert ist, sehen Spiel- und Theatralisierungselemente als einen nutzbringenden Bestandteil unter vielen anderen Methoden. Diese Lehr-Lerneinheiten auf spielerische Lernqualitäten zu prüfen und auf die unterschiedlichen Bedürfnisse der konkreten Klasse zuzuschneiden, ist deren Qualitätsmerkmal. Das bedeutet für ihren Unterricht: Angebote unterschiedlicher Spielphasen und -möglichkeiten helfen als bewusste Strukturmerkmale des Unterrichts, unterschiedliche Auffassungs-, Lern- und Bewegungsbedürfnisse der Schülerinnen und Schüler zu befriedigen. Darüber hinaus können Lehrerinnen ihr eigenes Selbstverständnis als Spielleiterin, Mitspielerin usw. immer neu bestimmen.

2. Soziale Gründe

Selbstverständnis dieser Lehrerinnen ist: Spiele im Unterricht haben das Ziel, Heranwachsende miteinander kommunizieren zu lassen. Dabei soll das *Zusammen*-(spiel) die konkurrierenden Momente überformen. Spiel benötigt Umgangsformen, die Akzeptanz und den Respekt anderer, in manchen Phasen aber auch Durchsetzungsfähigkeit. Wenn jedoch Durchsetzungsmechanismen rücksichtslos angewandt werden, zerstört sich das Spiel selbst. Insofern wirkt die innere Regulation durch alle Beteiligten ohne äußere (pädagogische) Einflussnahme – ein Lernfeld, welches in der Schulpädagogik noch weitaus stärker belichtet werden sollte.

3. Materielle Gründe

Einige Kolleginnen und Kollegen beklagen die schlechten materiellen Bedingungen für das Spielen in ihrer Schule. Andere benötigen kaum materiale Voraussetzungen und agieren mit ihren Schülern auf weitgehend immateriellen Ebenen. Es ist zu fragen, ob bei ersteren die scheinbar fehlenden Geräte, Hilfsmittel oder Medien nicht dafür herhalten müssen, mangelndes Improvisationsvermögen zu kaschieren. Bezüglich der Spielideen sind in der jüngeren Vergangenheit eine ganze Reihe passabler Veröffentlichungen auszumachen, die auf die Klasse, das Fach bzw. Stoffgebiet hin spezifiziert werden müssen. Letztlich sei auf die unerschöpfliche Ideenvielfalt souveräner Lehrerinnen hingewiesen, die pragmatisch die sich ergebenden Verhältnisse nutzen bzw. in ihrem Sinne zu verändern wissen. Breite Flure, leere Klassenzimmer und die Bühne der Aula sind letztlich Orte der Probe und des Spiels, durch die sich eine lebendige Schule auszeichnet.

4. Aktivierungsgründe

Sind sie erst einmal angeregt, wollen sich Schüler, Jugendliche und Erwachsene auch völlig in Spiele einbringen, statt nur tangiert, i. S. v. *bespielt* zu werden. Viele Spiele jedoch sind mit Ganzkörperaktionen verbunden. Sie fordern die Aktivität des gesamten Organismus und schaffen einen hohen Grad an physischer, psychischer und emotionaler Befriedigung, als es weitgehend rezeptiv gestaltete Lernsequenzen vermögen. Eine hohe körperliche und kommunikative Aktivität ist auch bei neuen Spielen, Situation, Gruppen und Ausgängen (emotionale Betroffenheit) zu erwarten. Auch das Klärungsbedürfnis nach der Aktion selbst muss akzeptiert werden (siehe *Punkt 5.*). Es kostet zwar Zeit, aber es klärt die uneindeutigen Situationen mittels Versprachlichung.

5. Kommunikative Gründe

Die kommunikative Bandbreite bedeutet für Lehrende und Schüler mannigfaltige Deutungsmuster für Gespräche, Gestik, körpersprachliche und mimischen Signale. Die mehrkanalige Ausdrucksmöglichkeit erbringt neue Erfahrungsbereiche, die reflektiert werden müssen. Gespräche über vorangegangene Spielinteraktionen (Metakommunikation) sind unverzichtbar für die Klärung mehrdimensionaler, das heißt „undurchsichtiger" sozialer Situationen. Das kann bedeuten, nach einem motivational gedachten Spiel eine ad hoc-Klärung zu organisieren. Der scheinbare Zeitverlust für anstehende Unterrichtsaufgaben sollte gelassen betrachtet werden. Aussprachen, Klärung und Ermutigung machen Lehrerinnen und Lehrern die künftige Beziehungsarbeit leichter und haben eine motivierende Wirkung. Schließlich ist die Klärung von Beziehungen für die tägliche Arbeit ebenso unverzichtbar, wie ermutigend.

6. Inhaltliche Gründe

Im Spiel dominieren inhaltliche Faktoren das Ergebnis. Sind angebotene Spielinhalte nicht substanziell ergiebig oder nicht entwicklungsgemäß, bleiben Spiele ebenfalls „stecken" oder kommen gar nicht zustande. Es beginnt ein fataler Kreislauf. Werden Lehrerinnen – etwa in Fortbildungen – zum Spiel ermuntert, wählen sie aber die Inhalte ungenügend aus, wird die Aktion selbst für keine der beteiligten Seiten ertragreich. Die Ahnung, dass das Spiel schief läuft, wird dann zur bestätigten Gewissheit. Diese Lehrerin wird höchst wahrscheinlich so rasch nicht mehr spielen.

Heranwachsende merken auch sehr rasch, ob Spiele – oder das, was sie als Spiel angeboten bekommen – lediglich umgeformte Lernaufträge sind. Dies ist per se nicht zu kritisieren. Denn bereits der Ertrag einer spielerischen Komponente (z. B. Ergebnisvariation, Strategiewechsel, Vorgehensvarianz …) vermag es, vorrangig rezeptive Tätigkeitsketten produktiv zu unterbrechen oder sie handelnd zu machen.

7. Scheinrealitäre Gründe

Der Übertritt spielender Schülerinnen und Schüler in Quasirealitäten ist allgemein bekannt. Dies geschieht durchaus auch in der Schule – allerdings wird dies im Unterricht (als Unaufmerksamkeit, Träumerei oder vorsätzliches Abschalten) kritisiert. Selbstverständlich sind Schüler in der Schule zunächst Lernende. Wenn sie jedoch – durch den Einsatz des Spiels – sich und andere in unterschiedlichen Funktionen erleben, können sie mit dem Verhältnis von Realität und Schein-, Traum- und u. U. virituellen Welten umgehen und diese reflektieren lernen. Die Umkopplung von Führungsfunktionen, also lehrende Schüler, aktivierende Kommunikationsstrukturen, sowie die menschliche Lust am Verwandeln wird ebenfalls durch Spiel gewährleistet. Die Erfahrbarkeit elementarer sozialer Konstellationen – *Ich und andere, Ich mit dir, Du gegen uns, Wir für sie, alle miteinander etc.* – können in *Als ob-* Spielsituationen simuliert werden. Deren wechselseitige Erleb- und Erfahrbarkeit wird – langsam und in elementarer Schritten deutlich auf die wirkliche Welt zurückwirken.

Und nun lassen Sie uns miteinander spielen.

Unterrichtspraktische Angebote

Assoziationsspiele

Assoziationsspiele haben die Aufgabe, den Spielern Zusammenhänge zwischen vorgegebenen und selbst konstruierten Sach-, Begriffs- und/oder Sprachsystemen sichtbar werden zu lassen. Sie basieren auf Gedankenverknüpfung und sollten in vielen, wiederkehrenden Variationsmustern angeboten werden.

Didaktischer Kommentar:

Assoziieren ist eine der ursprünglichen Lernformen des Menschen. Es wird bereits in kleinkindlichen Erziehungssituationen oft gebraucht, verliert aber mit dem Schulbeginn fast gänzlich an Bedeutung. Dennoch spielt es in den Lebenswelten Heranwachsender weiterhin eine große Rolle – denken wir nur an den berühmten *Knoten im Taschentuch*. Dabei soll der Knoten mit dem Erinnerungsinhalt assoziativ verbunden werden (Erinnere ich mich an dies, erinnere ich mich sofort auch an jenes). Unser Gedächtnis funktioniert in jeder Altersspanne nach dem Assoziationsprinzip. Das Zirpen der Grillen assoziiert uns den letzten Griechenlandurlaub (obwohl es dort Zikaden waren) und der schönste Sonnenuntergang ist uns verleidet, wenn wir damals, an jenem Abend in das Hundhäufchen getreten sind und es beim Weggang der Sonne so seltsam *duftete* ... Die Werbung verläuft fast ausschließlich über assoziative Muster.
Assoziationen in die Schule zu bringen und als Lehr-Lernform (wieder) zu etablieren hätte den Ertrag, dass Schüler Zusammenhänge, kausale Ableitungen und/oder gedankliche Verknüpfungen über Fächer und Fachgrenzen hinaus stärker gebrauchen. Letztendlicher Ertrag sind ein höheres Behaltensreservoire und eine schnellere gedankliche Flexibilität, die – unabhängig von Inhalten – durch das häufige Training von assoziativen Vorgängen erreicht wird. Vielleicht sollten Lehrerinnen und Lehrer die Erkenntnisse ihres Faches mit früheren Erkenntnissen koppeln oder die Lernenden auf assoziative Verknüpfungen zu anderen Fächern oder ihren Alltagserfahrungen prüfen. Dies setzt voraus, dass kein Lehrer ein isolierter *Fachmensch* ist, sondern über breite Wissenskanäle verfügt.

Vorschläge:

Assoziationsketten:

Asso(*ziations*)ketten sind einfache Abläufe, in denen Schüler mit einem Wort über einen bestimmten gegebenen Begriff reflektieren. Zunächst kann die Klasse sitzen bleiben, lediglich die Reihenfolge des „Drankommens" wird festgelegt. Die Lehrerin oder ein Schüler nennt einen Begriff. „Fabrik" Nun assoziiert die erste Schülerin einen ihr eingefallenen Begriff, z. B. „Werk", der nächste assoziiert dazu beispielsweise: „Opel" – „Schornstein" – „Umweltverschmutzung"... Ab „Opel" würde eine andere Assoziationskette vielleicht diesen Verlauf nehmen: „Auto" – „Urlaub" – „Sonne" – „Creme" – „Duft" -etc. Im ersten Fall wird immer wieder neu auf das Werk hin assoziiert. Im zweiten Fall assoziiert der Schüler immer auf den eben genannten Begriff.

- Assoziationsketten nie unterbrechen oder kritisieren.
- Die Lehrerin merkt sich bestimmte, herausragende Assoziationen und kann sie nachträglich (!) einer Besprechung, Analyse oder Bewertung zuführen.
- Es gibt Schüler, denen nicht gleich eine Assoziation einfällt. Durch eine Regel (z. B. „weiter") lassen sich lange Pausen vermeiden. Wichtig für Lehrerinnen ist die Beobachtung: Wer hat bei Assoziationen große Schwierigkeiten, bei wem nützen Übungen.
- Die Übung kann der Begriffserweiterung ebenso dienen, wie der Erstellung eines begrifflichen Netzwerkes (Mindmap) zur weiteren Bearbeitung.

Variationen:

Assoziationskette wie oben. Nachdem ein Begriff benannt wurde, wird nur zu *diesem* (und nicht zu einem der nachfolgenden) je ein weiterer Begriff genannt. Ausgangsbegriff: *Schule – doof – Lernen – Physik – Hofpause – Hausaufgaben – Abitur...*

- Assoziationsketten über einen gerade kennen gelernten Fachbegriff: z. B. Strom, Optik, Oxide, Renaissance, Kreislauf...
- Assoziationsketten zu einem Land, einer geografischen Formation oder einer grammatischen Konstruktion....
- Assoziationsketten mit Antonymen, Gegenwörtern, Metaphern....
- Auch grammatikalische Assoziationsketten sind möglich: Ich – du – er – sie – es bzw. Assoziationen über das *Partizip II.*

Du:

Du-Kreise werden sowohl als Technik der Konzentration und Entspannung im Rahmen des Improvisationstheaters benutzt. Sie können auch im Unterricht unterschiedlich eingesetzt werden.

Die Klasse steht im Kreis. Der erste Spieler gibt ein *Du*, unterstützt mit einer zeigenden Armbewegung an eine Mitspielerin. Diese gibt ebenfalls das *Du* weiter. Der letzte Spieler bringt das *Du* an den ersten Spieler zurück.

Keiner darf das Du zwei Mal bekommen. Jeder muss sich merken, von wem er das *Du* bekam und an wen er es weitergibt.

Diese Übung ist Ausgangspunkt der verschiedensten gruppendynamischen Übungen. Keiner bleibt „außen vor", jeder ist für den Fortgang der Dinge mitverantwortlich. Das Potenzial eigener Konzentration und Sammlung ist beachtlich, zumal diese *Du-Kreise* schnell und langsam, mit anschwellender und abklingender Dynamik vollzogen werden können. Bereits am Anfang einer Stunde stimmen sich alle auf konzentrierte Arbeit ein.

Inhaltlich lassen sich *Du-Kreise* vielfach nutzen. Im Rahmen der Dechiffrierung uneindeutiger Körpersprache (Ethik, Religion, Deutsch, darstellendes Spiel) kann die Aufgabe gestellt werden, das *Du* freundlich, verschlagen, höflich, anbiedernd, provokativ, geheimnisvoll usw. weiterzugeben (Zettelmethode mit Auflösung). Das *Du* kann ebenfalls wieder zurückgeholt werden (Umkehrung der Reihenfolge).
Letztlich können mit dieser Methode Folgen sichtbar gemacht werden. Das *Du* wird ausgetauscht gegen Zahlen (französisch, englisch, Latein, Primzahlen), Vokabeln (siehe *Möbel & Farben & Formen*), Formeln oder Gesten, die anschließend ausgedeutet werden.

Möbel & Farben & Formeln:

Unter dieser Überschrift firmieren Assoziationsketten, die bei einiger Übung sowohl die Konzentration verbessern, als auch direkt für schulische Aufgabenstellungen nutzbar sind. Ausgangsstellung ist der *Du-Kreis* (siehe oben). Die Schüler können aber auch auf ihren Stühlen sitzen bleiben (Reihenfolge festlegen). Ein Bereich wird vorgegeben, z. B. *Möbel.* Jeder muss nun ein Möbelstück nennen, aber darauf achten, dass es nicht schon genannt wurde (Couch, Sessel, Standuhr, Jahresuhr, Ottomane, Fernsehsessel …) Die Ergebnisse können gesammelt werden. Die Aufzählung zeigt Lehrerinnen und der Gruppe

- die Fülle der Ideen,
- die Cleverness, z. B. auch zusammengesetzte Substantive zu bilden,
- ggf. erklärungsbedürftige Begriffe,
- die unterschiedliche Handhabung der Regel und ihre Deutung.

Das Plus einer solchen Übung ist die Erweiterung des Wortschatzes sowie die immanente Festigung des Begriffsnetzes zu einem Unterrichtsschwerpunkt. Denn Möbel & Farben & Formeln können auch sein:

Philosophen	*Hauptstädte*	*Romanhelden*	*Schriftsteller*
Salze	*Maßeinheiten*	*Adjektive*	*Hochgebirge*
Laubbäume	*chemische Elemente*	*Flüsse*	*Verhaltensweisen*
Vokabeln	*Pflanzen*	*Paragraphen*	*Paradigmen (Lehrsätze)*

Auch schriftliche Formen oder das Reißverschlussprinzip lassen sich hierbei gut anwenden (mehr dazu in Trautmann 2001; 115 ff.).

Atom

ist ein kooperatives Spiel zum Aggressionsabbau oder zur Konzentrierung der Teilnehmer. Es kann ohne Probleme als schulfachbezogenes Spiel eingesetzt werden.

Didaktischer Kommentar:

Das Beispiel *Atom* zeigt die vielfältigen Einsatzmöglichkeiten des Spiels unter Berücksichtigung der Zielstellung. Wir haben das Spiel zum ersten Mal gesehen, als es von ca. 20 Schülern auf der Straße gespielt wurde. Jenen war der Spaß und die Bewegung wichtig, sicher nicht eine, wie auch immer geartete, pädagogische Überlegung.
In der Grund- und Mittelstufe kann das Spiel daher als Mittel dienen, überschüssigen Bewegungsdrang zu kanalisieren oder eine aggressive Grundstimmung durch die Spielregel (Körperkontakt, Zusammenschluss, Gruppierung) minimieren zu helfen. Aber auch das schulfachbezogene Einsatzgebiet sollte Lehrerinnen beim Durchmustern des Buches immer neu bewusst werden. Problemlos kann die Bildung von Wasser aus Wasserstoff und Sauerstoff körperlich bewusst gemacht werden. Zwar ist der Titel des Spieles dann fehlerhaft, da Sauerstoff und Wasserstoff molekular vorliegen, dies jedoch tut der Spielidee – mikroskopische Vollzüge mit dem eigenen Körper makroskopisch auszudrücken – keinen Abbruch. Auch große Moleküle (Schwefelsäure, Komplexverbindungen, Polymere, cis-trans-Verbindungen) lassen sich so zeigen.
Erwähnt werden sollen auch Einsatzmöglichkeiten im Sprachunterricht (Grund- und Bestimmungswörter finden sich zusammen), in Physik (Druck), Geografie (urbane Agglomeration) oder Biologie (Antigen-Antikörperreaktion). Lehrerinnen und Lehrer sollten sich das Spielprinzip bewusst machen und auf den Inhalt ihres Faches transformieren.

Vorschläge:

Jeder Spieler ist ein Atom und befindet sich frei im Raum. Alle Atome laufen umher. Die Spielleiterin sagt plötzlich: *„Atomverbund 5"* (wahlweise Molekül). Fünf Spielerinnen müssen sich nun zusammenfinden (umklammern, an den Händen halten etc.). Bei der Aufforderung *„Atomzerfall"* trennen sich die Spieler wieder. Die restlichen Spieler übernehmen die Rolle der Spielleiterin, scheiden aus oder spielen weiter mit.
Die Möglichkeit des Ausscheidens sollte nur selten genutzt werden (Stimmungsabfall).

Variationen:

- Die Spielleiterin bestimmt den „Energiegehalt“ (Schnelligkeit) der Atome (z. B. 0 Grad – stehen bleiben, 10 Grad – langsame Bewegung, 100 Grad – Höchstgeschwindigkeit). Auch Hintergrundmusik steuert die Bewegungen.
- Vorgegeben werden kann auch die Form der Verbindung (Rücken an Rücken, hintereinander, hockend, Kreis, Beine berühren sich).
- Die Atome bekommen Kennkarten und dürfen sich nur mit ganz bestimmten Atomsorten verbinden. Eventuell können Klappkärtchen für die Selbstkontrolle verwendet werden.
- Bei der Rekonstruktion einer Oxidation werden als Ausgangspunkt Zweiergruppen (Moleküle) gebildet. Damit lässt sich relativ genau der Bildungsprozess von H_2O nachspielen.
- Im Atomquiz bekommt eine Hälfte der Klasse Fragekärtchen, die andere Hälfte anders farbige Antwortkarten. Innerhalb einer Zeitvorgabe finden sich beide Gruppen zusammen. Wir haben dieses Spiel im Leistungskurs Mathematik Klasse 12 gespielt – Fragen und Antworten waren dementsprechend höchst anspruchsvoll gestellt. In der nächsten Woche hatten drei Schülerinnen selbst ein solches Atomquiz vorbereitet. Wir scheiterten alle daran …

Augentheater

Als Augentheater wird eine im Standbild gezeigte Folge von Situationen benannt, die für bestimmte Lernbereiche genutzt werden bzw. für eine veränderte Sicht auf ein Problem dienen kann.

Didaktischer Kommentar:

Vorgänge werden *ent*schleunigt. Es entstehen Einzelbilder. Diese müssen Wesentliches enthalten. Schülerinnen und Schüler lernen, Wichtiges von Belanglosem zu trennen, individuelle Blickwinkel miteinander in Beziehung zu setzen und darzustellen. Dabei ist anzumerken, dass mit dem Körper dargestellte Prozesse und Konstrukte – auch und gerade mathematisch-abstrakter Art – besser in das Behaltensrepertoire eingefügt werden, als durch isolierte Sinnesreize, die zumeist lediglich über das Wort transportiert vorliegen. *Augentheater* ist eine hervorragende Gelegenheit zu (fachlicher) Kommunikation.

Vorschläge:

Eine Gruppe von 3–5 Schülern überlegt sich ein Thema. Dazu werden vier Bilder gestellt. Diese Standbilder können die Titelfolge Normalität (1) – Störung (2) – Lösung (3) – *Veränderte* Normalität (4) aufweisen. Um eine effektvolle Darstellung zu gewährleisten, werden die Zuschauer gebeten, die Augen zu schließen. Nachdem das erste Bild (Normalität) gebaut wurde, ertönt ein Geräusch (Schnipsen, Glocke, Klatschen), welches bedeutet, die Augen kurz zu öffnen und sofort wieder zu schließen. Die Gruppe schaut auf das Bild. Ein eventuell zweites Geräusch ist die Verabredung, die Augen erneut zu schließen. Das zweite Bild wird gebaut, ein Geräusch veranlasst die Gruppe zum Schauen.

Tipp:

Keine Bewegungen und Geräusche in den Bildern zulassen. Der Interpretationsspielraum bleibt damit umfangreich.

Tipp:

Nach der Darstellung sollte eine Feedbackrunde erfolgen. Es kann auch ein Abgleich von Spielintention und sichtbarem Ergebnis stattfinden.

Variationen:

- Es werden Themenbereiche vorgegeben, die unterrichtskompatibel sind und in vier Bildern körperlich dargestellt werden (Entdeckung Amerikas, Inhalt eines Lesestückes, Kongruenzbeweis, Nernstsches Verteilungsgesetz).
- Verschiedene Gruppen einigen sich auf eine *Fortsetzung* bereits gespielter *Augentheaterstücke* – mit unterschiedlichen Verläufen, die danach zur Diskussion stehen (Deutsch – Fortschreiben von Texten – Weiterdenken von Geschichten, aber auch geschichtliche und politische Zusammenhänge – Was wäre, wenn ...)
- Die Titelfolge kann dem Fach angepasst oder grundsätzlich erweitert werden (Ausgangslage – Konflikt – Scheinlösung – Höhepunkt – Katastrophe – Rettung in letzter Sekunde – Happy End)
- *Augentheater* lässt sich inmitten von Diskussionen einsetzen, gerade dann, wenn Haltungen sich verfestigen. Die Parteien stellen dann ihre Vorstellungen dar, gleichzeitig entspannt sich das meist aufgeheizte Klima merklich, da die unterschiedlichen Tätigkeitsvollzüge gegenseitige Akzeptanz bedingen.
- Selbstverständlich können für ein *Augentheater* auch affine oder inaffine Repräsentationsmaterialien dienen (Hände, Füße, Bausteine, Gummibärchen, Skizzenfolgen etc.).

Autohupe

ist ein Kontaktspiel, welches Nähe und Distanz zulässt und körperbetont ist.

Didaktischer Kommentar:

Das Spiel ist als Hülle aufzufassen, mit deren Hilfe eine ganze Reihe von Lernzielen und Erfahrungshorizonte erreicht werden können. Zunächst soll das Spiel den Schülern das Gefühl vermitteln, dass Nähe für sie wenig problematisch ist. Zweitens gestattet das Spiel, sich in der Spielregel sehr nahe am Körper des Partners/der Partnerin zu bewegen. Dennoch sind wir nach über zehn Jahren Spielpraxis noch kein einziges Mal in die Verlegenheit gekommen, *Autohupe* wegen einer unsittlichen Berührung (etwa der weiblichen Brust oder des Intimbereiches) abbrechen zu müssen.
Mitunter macht das Zulassen dieser Nähe manchem Heranwachsenden zu schaffen. Hier bindet sie die Spielregel. Andererseits gehört viel Beherrschung dazu, etwas eher Unangenehmes auszuhalten. Diese Erfahrung im Spiel zu machen, ist für manche/n eine interessante Einsicht. Anderen dagegen macht es große Freude anzufassen und angefasst zu werden. Letztlich steigert diese Partneraktivität das Vertrauen der Gruppe in jeden Einzelnen.
Selbstverständlich kann mit *Autohupe* auch inhaltlich gearbeitet werden (vgl. Variationen).

Vorschläge:

Bei diesem Partnerspiel machen sich die Schüler zunächst aus, wer *Auto* und wer *Mechaniker* ist. Das Auto hat einen Defekt an einem Körperteil (ausdenken) und hupt daher (Geräusch) so lange, bis der Mechaniker dieses Körperteil berührt hat. Dann verstummt sie. Anschließend wird gewechselt.

Tipp:

Einmal durchspielen, um den Denkvorgang und einen Gewöhnungseffekt herzustellen.
Bei einer zweiten Runde verfeinern sich die kaputten Körperteile (In der ersten Runde das Bein, in der folgenden Runde der Fingernagel des linken kleinen Fingers usw.).

Variationen:

- Das *Auto* sagt die kaputte Körperstelle selbst an – allerdings verschlüsselt oder in einer Fremdsprache.
- Auto und Mechaniker testen, wo angenehme und unangenehme Berührungen stattfinden (etwa durch Variation oder Anschwellen des Huptons).
- Der Mechaniker zeigt am Auto bestimmte biologische, chemische oder physikalische Gegebenheiten (Wo befinden sich Kugelgelenke? Welche Teile der Wirbelsäule gibt es? Wo ist ein Puls spürbar? Wo kann ich Salzsäure, Milchsäure, Kochsalzlösung finden?). Das Auto hupt bei Fehlern.
- Lehrerinnen können das Prinzip des Spiels erklären und eine inhaltliche Hausaufgabe stellen. In der nächsten Stunde wird die Übung vorgestellt.

Barfuß-Video

sind kurze, selbst produzierte Videoclips, die mit einfachsten Mitteln, einem Camcorder und einem Fernsehgerät, wiedergegeben werden. Sie sind Dokumentationen eines Unterrichtsverlaufes, eine Bestandsaufnahme oder können als Einstieg in einen Sachverhalt oder Problembereich dienen (vgl. Beiler 1997; 47). Man benötigt sozusagen kein festes Schuhwerk (professionelle Ausrüstung), sondern setzt auf die Natürlichkeit und den direkten Zugriff auf die Situation.

Didaktischer Kommentar:

Das Herstellen eines Filmes – statt der Rezeption eines fertigen Streifens – unterstützt immer das Lernen der Klasse oder Gruppe. Ob es die Begleitung eines *werdenden* Projektes oder die Darstellung einer Idee bzw. eines Lernvollzuges ist – die Produktion und die reflektierte Wiedergabe sind einfache, aber wirkungsvolle Prozesse.

Barfuß-Videos dokumentieren jedoch immer Spiel-Szenen, ob gewollt oder unbewusst. Bereits der Zuschnitt des Auftrages ist für die Realisierung und den Einsatz maßgebend.

Ihre Bedeutung für das Spiel ist augenscheinlich. Es lassen sich damit Vorgänge festhalten, die diskussionswürdig sind (Sozialbeziehungen, Problem und Lösung, Szene). Gleichzeitig halten sie den Augenblick fest und machen ihn wiederholbar. So kann an der Szene, dem Vorgang, dem Problem *gearbeitet* werden. Gleichzeitig müssen Regeln eine lange (und damit spannungsarme) Videographie verhindern.

Barfuß-Videos

- bringen Realität in Unterrichtsverläufe (etwa durch die Aufnahme von Lebenssituationen, Alltagsabläufen oder Interviews).
- dienen der Ergebnissicherung (*zusammenfassender Blick*).
- sind Diskussionsgrundlage weiterführender Projektierung.
- lassen sich zur Dokumentation einsetzen.
- können Lernfeld für die „Filmer", Akteure und Zuschauer sein. Durch die Regieübernahme lässt sich sowohl mehrperspektivisches Denken, als auch Improvisationsfähigkeit ausbilden.

Vorgehensweise:

- Fast jedes Kind ist medien- bzw. technikkompetent. Fast jede Schule besitzt einen Camcorder. Spätestens nach einem Elternabend ist das Problem der Hilfe und Unterstützung gelöst.
- Geben sie den Schülern Möglichkeiten der Gewöhnung, von Probeaufnahmen samt Chance, sich die Ergebnisse anzuschauen.
- Helfen sie, die Technik einzurichten.
- Geben Sie Tipps für das Vorgehen oder bieten Sie ein Drehbuch an.

	Inhalt	*Zeit*	*Besonderheiten*
1.	______________	*... sec.*	______________
2	______________	*... sec.*	______________
3.	______________	*... sec.*	______________

- Verdeutlichen Sie der Gruppe die Grundlage der Arbeit – Was soll bei wem erreicht werden?
- Lassen Sie eine Diskussion über Szenen, Vorgänge, Abläufe etc. zu.

Vorschläge für unterrichtsbegleitende Barfuß-Videos:

- Begleitet die Erarbeitung der Balkon-Szene aus *Romeo & Julia* von der Textübergabe bis zur Spielszene in 10 Minuten-Bildern (Deutsch).
- Lernen für die Klausur (Interviews über Lernformen und -stile, pantomimische Vollzüge, Überspitzung als Diskussionsgrundlage etc.).
- Lehrerinnen-Sein (Zusammenstellung wichtiger Eigenschaften und Bedingungen, Kritikpunkte, parodistische Elemente, die Aufgaben, *in der Pause*, eine *Liebeserklärung*).
- Von der Aufgabe zur Lösung (mathematische Beweise in einzelnen Schritten begleitet, zeigen Vorgehen und (Irr)wege – nicht zuletzt den Lehrerinnen).
- Luther auf dem Reichstag in Worms (Recherche der Umstände, Nachspiel).
- Verhalten von Hund und Katze im Vergleich (Verhaltensbiologie).
- Begrüßungsformeln (Zusammenstellung z. B. für Ethik, Religion, den Fremdsprachenunterricht, Geographie etc.).

- Eutrophierungsverlauf eines schulnahen Gewässers (Informationen und (fiktive) Interviews).
- Wie kann der Dichter, Denker, Wissenschaftler, Politiker etc. zu diesem Text, der Idee, der Aussage oder jener philosophischen Formulierung gekommen sein? Eine solche fiktive Ideenrecherche kann, durch ihren fantastischen Gehalt, die Auseinandersetzung mit der Sache befördern helfen.

Basar in Algier

ist ein Strategiespiel, mit dem das unterschiedliche Kalkül in Gruppenprozessen sichtbar gemacht und die individuelle Taktik abgebildet werden kann.

Didaktischer Kommentar:

Das Spiel vollzieht sich unter der Bedingung, dass viele Menschen (mit einer bestimmten Taktik des Versteckens/der Weitergabe) auf eine Einzelperson treffen, die ebenfalls eine bestimmte Absicht verfolgt – die Verhinderung. Zunächst – meist in Runde 1 – verlaufen diese Prozesse ziemlich empirisch nach dem Prinzip: Versuch und Irrtum. Bereits im zweiten Durchgang lassen sich verschiedene Strategien beobachten. Gelingen diese, werden sie beibehalten. Führen sie zu keinem gewünschten Ergebnis, werden sie verändert.
Diese grundsätzliche Verhaltensänderung wird allgemein als Lernen bezeichnet. Und was in diesem Spielverbund gelingt, unterliegt im alltäglichen Vollzug der Schule mannigfaltiger Hemmung und Blockierung. Vielleicht ist es daher notwendig, ein solches Strategiespiel zum Anlass zu nehmen, mit der Klasse grundsätzlich einmal über die Art und Weise, wie man lernen kann, nachzudenken. Viele Lehrerinnen werden verblüfft sein, wenn sie in diesem Zusammenhang erfahren, dass jene Lernvollzüge, die sie längst als bekannt voraussetzen, bei ihren Schüler noch gar nicht verfestigt, bei manchen nicht einmal in Ansätzen vorhanden sind. Daher kann der *Basar in Algier* schnell zu einer Speakers Corner für eigene Befindlichkeiten mutieren.

Vorschläge:

Alle Schülerinnen und Schüler sind Basarbesucher bzw. Händler in Algier. Alle gehen umher, bieten die Waren lautstark an, kaufen und verkaufen. Doch es kur-

siert *Stoff* auf dem Basar. Dazu wird ein faustgroßer Stein herumgegeben und wandert (verdeckt) von Hand zu Hand.
Eine Schülerin ist Kommissarin und muss den Stoff (Stein) finden. Sie hat das Recht, Marktteilnehmer anzuhalten und zu kontrollieren. Ertappt sie einen Dealer, ist dieser nun der Polizist. Er kann bei der nächsten Runde auch als zweiter Polizist mithelfen.

Variationen:

- Je nach Gruppengröße sind mehrere Steine im Spiel.
- Anstelle der Steine werden zerbrechliche oder verräterische Gegenstände benutzt (rohe Eier, Lachsäcke, Flutschies).
- Eine einführende Geschichte und die Untermalung mit orientalischer Musik gibt einen perfekten Rahmen.
- Den Basar als *Basar der 1000 Fragen* umbenennen. Es kursieren Filmdosen mit einem inliegenden Zettel. Darauf steht eine Aufgabe, die den Einstieg zum Stundenthema bietet (Erklären Sie die an der Tafel die glaziale Serie).
- Wenn schließlich die Kommissarin den Zettel sucht und findet, auf dem der Termin einer Leistungsermittlung steht, wird Ihnen die grenzenlose Liebe Ihrer Klasse sicher sein.

Blauer Elefant

ist ein Kreisspiel, welches auf Informationsgewinn und Rückfrage basiert. Es kann zur Konzentrationserhöhung, aber auch fachlich unterstützend eingesetzt werden.

Didaktischer Kommentar:

Das Spiel zeigt den Zusammenhang von Ausführung und Rückfrage (Feedbackstrategie). Während es in der Urform sehr schnell zum Automatismus wird (Verankerung), kommt es in der Kopplung zu sehr unterschiedlichen Ergebnissen. Die Beteiligten erkennen die unterschiedlichen Schnelligkeiten, das Behaltensrepertoire und letztlich die Funktion einer feedbackgeleiteten Steuerung (Biologie, Hirnphysiologie, Management).
Wird das Spiel in beiden Richtungen gespielt, so können die Teilnehmer ideal die Wellenfunktion und deren Auslöschung bzw. Verstärkung beim Aufeinandertreffen entdecken (Physik, z. B. Welle/Teilchen-Dualismus, Optik, Polarisation).

Auch zum Lernen von Fachbegriffen hat sich das Spiel bewährt. Dabei tauscht man *blauen Elefant* und *rotes Krokodil* in die entsprechenden Begriffe (zyklische Photophosphorylierung), (Photolyse des Wassers) und beginnt. Die Weitergabe eines Gegenstandes koppelt die Begriffe an die Handlung und zeigt der Spielleiterin gleichzeitig den Fortgang der Interaktion (Wo sind die Spieler gerade?).
Das Spiel kann ohne Probleme auch bei älteren Schülergruppen, ohne jeglichen Fachbezug, eingesetzt werden. Es schult die Konzentration und versetzt die ganze Gruppe in Aktivität. Jeder ist wichtig, weil ohne sein Mittun der Informationsfluss stoppt oder zumindest aus dem Takt kommt.

Vorschläge:

Die Gruppe sitzt im Kreis. Die Spielleiterin gibt dem linken Spieler einen beliebigen Gegenstand (Füllfederhalter, Kugelschreiber, Büroklammer, Brillenetui) mit den Worten: „Das ist ein blauer Elefant!"
Der Spieler fragt nach: „Was ist das?"
Antwort: „Ein blauer Elefant!"
Nun darf der Nachbar den Gegenstand nehmen. Er sagt nun seiner Nachbarin wiederum die selben Worte: „Das ist ein blauer Elefant" Gegenfrage: „Was ist das?" Betreffender darf jedoch nicht sagen „Ein blauer Elefant!", sondern muss – auf die Spielleiterin zurück – fragen: „Was ist das?" Diese erst sagt ihm wieder: „Ein blauer Elefant!".
Klingt alles verwirrend, ist aber nicht so schwer. Klar eingehalten werden muss die Regel: sagen, sich fragen lassen, nachfragen – erst der Spielleiter sagt die Lösung, die wird bis zum letzten Spieler wiederholt, dann erst wird der Gegenstand übernommen.

Tipp:

Eine Runde durchspielen!
Die Spielleiterin gibt, kurz nachdem links der *blaue Elefant* gestartet wurde, dem rechten Schüler ebenfalls einen Gegenstand und sagt zu ihm: „Das ist ein rotes Krokodil!"
Frage: „Was ist das?"
Antwort: „Ein rotes Krokodil!"
Der Gegenstand wird übergeben.
Der Schüler wendet sich nach rechts zu seiner Nachbarin: „Das ist ein rotes Krokodil!"
Frage: „Was ist das?"
Weitergeben der Frage: „Was ist das?" (an die Spielleiterin)
Spielleiterin: „Ein rotes Krokodil!"
Nachbar: „Ein rotes Krokodil!"

Tipp:

Es ist vorteilhaft, auch diese Runde zunächst für sich durchzuspielen, um einzelne Patzer korrigieren zu können. Bereits hier verwechseln nämlich manche das *Krokodil* mit dem *Elefanten* (von eben).
Nun werden beide Runden kurz hintereinander gestartet. Das Spiel beginnt sozusagen von zwei Seiten.
Die Spielleiterin hat sehr viel zu tun. Sie wird ständig rückgefragt und muss nicht selten in kurzen Abständen (richtig herum) *Rotes Krokodil,* oder *Blauer Elefant* sagen.

Tipp:

Beim Begegnen der Wellen wird das Spiel kritisch, da dort Frage, Antwort, Nachfrage und Bestätigung aufeinandertreffen. Es macht nichts, wenn das Spiel dort *bricht.* Bis dahin sind die Spieler aktiviert und für einen neuen Versuch bereit.

Bürgermeisterwahl

ist ein Strategiespiel, bei dem es darauf ankommt, die eigene Gruppe zu stärken und durch geschicktes Taktieren alle Ratsstühle zu besetzen.

Didaktischer Kommentar:

Übergeordnete Kompetenzen, wie vorausschauendes Denken, Vernetzung von Wissens- und Erfahrungspools oder gruppendienliches Verhalten, stehen in fast jedem Lehrplan. Schule hat jedoch größtenteils wenige Möglichkeiten, dies außerhalb einer künstlichen Lernumwelt zu praktizieren. Daher gibt es eine Reihe von Strategie- und Planspielen, bei denen in *Als-ob-Situationen* bestimmte komplexe Handlungen und/oder Verhaltensmuster gezeigt bzw. kombiniert werden müssen.
Es sollte den Lehrerinnen und Lehrern nicht schwer fallen, die Formen mit den fach- bzw. -sachbezogenen Inhalten zu füllen.
Letztendlich kann dieses Strategiespiel diagnostisch eingesetzt werden. Während die Schülerinnen und Schüler *nur* ihren Spaß haben, beobachten Lehrerinnen vielfach Spielzüge und -verläufe und zugleich die Schüler, welche sich durch besonders augenscheinliches Kalkül auszeichnen (bzw. über kaum sichtbare Konzepte der Problembewältigung verfügen).

Vorschläge:

Die Klasse sitzt im Kreis, ein Stuhl bleibt frei. Sie teilt sich in zwei Hälften und macht dies auch sichtbar (durch Anstecker, Aufkrempeln der Ärmel, Armbinden). Alle schreiben ihren Namen auf je einen Zettel, werfen diese zusammen und ziehen einen *neuen* Namen aus diesem Pool, welchen sie nicht verraten.
Jede der Gruppen wählt aus ihrer Mitte zwei Mitspieler, die *Bürgermeister*. Sie setzen sich aus dem Kreis in die Mitte des Sitzkreises nebeneinander. Das Spiel verläuft nach den Regeln von „Mein rechter, rechter Platz ist leer …" Doch nicht der eigentlich Gerufene kommt herbei, sondern der bzw. diejenige, die diesen Namen auf ihrem Zettel fand.
Irgendwann werden auch die *Bürgermeister* gerufen. Es gilt nun, auf diese freien *Bürgermeisterplätze* einen Spieler aus der eigenen Gruppe zu lotsen. Sieger ist diejenige Gruppe, die zuerst alle vier *Bürgermeisterplätze* besetzt.

- Beobachten Sie gemeinsam die sich entwickelnden Strategien und Gegenstrategien.
- Wer spielt empirisch nach Versuch und Irrtum, wer hingegen verfolgt seine bzw. die Gruppenziele?
- In Verbindung mit komplexen, sozialen Situationen (etwa bei der Besprechung eines Lesestücks, in der Sozialkunde oder Geschichte) ist dieses Spiel der Auftakt zur Diskussion (Was haben wir getan, in welchen Zwängen steckten wir etc.).
- Oft lässt sich aus dieser Konstellation eine Disputation über Regeln, Demokratie und Föderalismus ableiten.

Chefin und Sekretär

ist ein kommunikatives Regelspiel, bei dem unterschiedliche soziale Situationen simuliert werden können. Neben der Erkenntnis von Zusammenhängen zwischen Sprache, Situation und Raum können mannigfaltige schulische Vollzüge neu gesehen und somit geprüft werden.

Didaktischer Kommentar:

Die Fähigkeit, sich in bestimmte Situationen hineinzuversetzen, entwickelt sich langsam und unter vielerlei Störungen. Die spielerische Begegnung mit derartigen Herausforderungen schafft eine Menge an erinnerungsfähigen Ansätzen. Mit *Chef und Sekretärin* lassen sich eine ganze Reihe solcher Konstellationen simulieren. Dennoch ist das Spiel kein einfacher Nachvollzug von Realität in künstlicher Umgebung (wie es Schule manchmal tut).

Ruhe und Lärm, Absicht und Unwillkürliches, kreuzende Handlungsfolgen und sich überlagernde Kommunikation sind nur einige Beispiele von Erkennungsebenen. Variierend zu den allgemeinen Erkenntnissen lässt sich – etwa beim Nutzen von Fachtexten – das *Rauschen* nachbilden, welches in manchem Kopf entsteht, wenn viele unterschiedliche Informationen eintreffen, diese nicht organisiert abgelegt werden und einem somit der Faden entfällt (biochemische Zusammenhänge bei Frederic Vester 1997). Hans Hielscher (1984; 49) regte in diesem Kontext an, derartige Übungen mit Eltern zu spielen, um Fragen bezüglich Konzentration, Überforderung, Ablenkung usw. ins Gespräch zu bringen.

Vorschläge:

Die Klasse teilt sich in Kleingruppen zu je 8 Teilnehmern. Chefin und Sekretär stehen oder sitzen sich im Abstand von ca. 4 Metern gegenüber (Ecken nutzen, äußere und innere Kreise, individuelle Aufstellung). Jede Chefin hat einen Zettel und diktiert den darauf befindlichen Text. Der Sekretär schreibt diesen diktierten Text auf. Nach Abschluss lesen die Sekretäre den geschriebenen Text laut vor.

Schwierigkeit:

Alle Texte klingen ähnlich. Dies wird erst im Spiel deutlich.
Entweder ist nach kurzer Zeit der Geräuschpegel so hoch, dass eine Verständigung unmöglich wird oder die einzelnen Gruppen finden recht schnell zu einem *Modus vivendi.*
Lassen Sie die Gruppen danach überlegen, woher dieses Phänomen kommt, wo das Prinzip in bestimmten Unterrichtsstunden zu finden bzw. wie ihm zu begegnen ist (Sinneswahrnehmung, Interesse, Konzentration, Atmosphäre, Unterrichtsstörungen, Umgang mit Konflikten etc.).

Variationen:

- Viele Textsorten sind geeignet – Zeitungsausschnitte, Montageanleitungen, Bahnhofsansagen, Schulbuchabschnitte …
- Man kann statt der hier abgedruckten Vorschläge kurze Fachtexte einsetzen. Neben dem Verwirrungs- entsteht ein verstärkter Behaltenseffekt (Assoziation an die Situation: „Das war, als wir nichts verstanden haben …").
- Lassen Sie die Chefinnen den Sekretären keine Texte diktieren, sondern Handlungsanweisungen (etwa für die Unterrichtsarbeit) geben. Hier ist das *Verstehenspotential* größer. Klären Sie mit den Schülern das *Warum*.
- Die Schülerinnen und Schüler schreiben ähnlich klingende Texte mit fachlichem Hintergrund. Auch Fehlertexte sind denkbar.

Sehr geehrte Frau Mettmann,

leider haben wir auf Ihre Anfrage betreffend der Krallen unserer Krallenaffen wenig Erfahrungen, da diese Krallen von unserem Tierpfleger Rolf Riller stets gekürzt werden. Außerdem haben Rallen kaum Krallen.
Mit besten Grüßen

Ihr Zoopark

i. A. Knallfrosch Zooparksprecher

Sehr geehrter Herr Wallmeister,

wir freuen uns darüber, dass Sie unser Ostseebad besuchen wollen. Betreffs Ihrer Anfrage teilen wir Ihnen mit, dass Quallen an unseren Stränden die Ausnahme sind. Wir haben hier eher Quellen als Quallen. Wenn welche da sind, haben wir es jedoch mit Großquallen, Ringquallen und Quellquallen zu tun, jedoch nicht mit Feuerquallen.
In diesem Sinne
Hoteldirektor Quellmalz

Sehr geehrter Herr Doktor Misselwitz,

einer Ihrer Patienten hat immer ein Knallen im Ohr. Das tut uns Leid. Wir können jedoch sagen, dass dieses Knallen weder von den von uns hergestellten Fröschen, noch von den, ebenfalls von uns vertriebenen, Gallensteinzertrümmerern kommt.
In der Hoffnung auf eine weiterhin gute Zusammenarbeit
Ihr Sprengspezialist Ahlemann

Sehr geehrte Frau Dallmann,

wir bestätigen, dass Ihr Mann unseren Saal weder mit einem Drall, noch ohne ein ausgiebiges Mahl verlassen hat. Wenn die Ankunft bei Ihnen in anderem Falle erfolgt ist, so ist dieser Drall vermutlich auf eine andere gastronomische Einrichtung zurückzuführen.
Mit freundlichen Grüßen
Moll – Gaststättenleiter

Cora & Co.

Hierbei handelt es sich um ein Rollenspiel, welches eine mögliche Situation, die mit Entscheidungen verbunden ist, beschreibt. Solche Rollenvorgaben bringen – wenn sie lebensnah und somit nachvollziehbar sind – Heranwachsende vielfach zum Nachdenken über eigene Handlungsmöglichkeiten und -grenzen.

Didaktischer Kommentar:

Es gibt kaum einen Lehrplan, der nicht fordert, das Rollenspiel als Möglichkeit der Überprüfung von Situationen und Handlungsvollzügen zu nutzen. Lehrerinnen glauben oft, den Schülern die Rollen *auf den Leib* schreiben zu müssen. Dies jedoch erwarten Schüler nicht. Sie wollen sich lediglich in dem Umfeld der Handlungen und Konflikte wieder erkennen.
Das Spiel ist jedoch nur *eine* hilfreiche Tätigkeit, die Unterricht in der Schule leisten kann. An und für sich wird daher von Lehrerinnen stets nach dem erzieherischen Ertrag oder dem Bildungsgehalt geschaut. Dies ist verständlich, darf jedoch den Eigenwert des Spiels nicht überblenden.
Cora & Co ist daher ein Beispiel, das eine zum anderen zu fügen. Für die Schülerinnen ist es eine Möglichkeit der Darstellung, des (Mit)denkens und der Ableitung von Handlungsmustern. Die Lehrerin kann Spiel- und Kommunikationsverläufe beobachten sowie ein Stück Sprach- und Ausdrucksverhalten studieren. Letztlich wird sie ihrem Erziehungsauftrag gerecht, wenn sie die unterschiedlichen Sichtweisen als empathische Erfahrung kennzeichnet und den Heranwachsenden durch dieses Spiel die Möglichkeit zum Perspektivenwechsel bietet.

Vorschläge:

Die Spielleiterin vergibt die Rollentexte der ersten Situation. Nach einer kurzen Einlesezeit, vielleicht auch nach kollektiver Besprechung wird diese Situation gespielt.

- Die restliche Gruppe sollte zunächst keine Aufgabe erhalten, sondern beobachten.
- Tipp: Die Situationen können auch im *Doppelpack*, d.h. durch jeweils zwei Teams gespielt werden. Der Gruppe wird bereits hier die Vielfalt der Ausdrucksmöglichkeiten klar.
- Ob der Text der Gruppe bekannt ist oder erst hinterher dechiffriert wird, bleibt der Spielleiterin überlassen.

Die gespielte Situation kann nun besprochen werden. Manchmal besteht der Wunsch, sie verändert noch einmal zu spielen.

- Wichtig ist hier nicht die schnelle Abfolge aller Spielsituationen, sondern der Grad des Einlassens der Gruppe auf die Handlung.

1. Situation Cora Lehrerin Moderatorin

Maria und Cora sind auf dem Schulhof aneinandergeraten und haben sich handgreiflich auseinandergesetzt. Cora ist in diese Prügelei eher hineingeraten, sie streitet sich sonst nie körperlich, findet Prügel (beispielsweise bei Jungen ihrer Klasse) primitiv.
Die Lehrerin, für recht strenge Ordnungsprinzipien bekannt, spricht Cora auf ihre zerkratzte und blutige Nase an. Cora ist wütend, will aber auch Maria nicht verraten
Das Gespräch beginnt...

Ist die Situation hinreichend geklärt, wird der zweite Abschnitt in Angriff genommen. Dazu ist es strikt notwendig, die Rollen innerhalb des Spielteams zu tauschen (Cora ist nun die Lehrerin, die Lehrerin die Mutter...).

- Da das Umfeld und die Spielhandlung geklärt ist, kann die Lehrerin überlegen, der Klasse korrespondierende Aufgaben zu erteilen.

2. Situation Mutter Moderatorin Lehrerin

Am nächsten Tag beschwert sich die Mutter von Cora bei der Lehrerin und nennt dabei auch den Namen der Angreiferin, Maria. Sie ist ziemlich aufgebracht und ängstlich.
Die Lehrerin hat ein schlechtes Gewissen, da sie Pausenaufsicht hatte, aber auf dem Flur geblieben ist.
Das Gespräch beginnt...

Die Gruppe kann hierzu ebenfalls Stellung nehmen. Zu beachten sind einzelne oder bereits kollektiv geäußerte Handlungsvorschriften oder/und Strategieänderungsvorschläge. Mitunter genügt ein Hinweis auf elterliche Handlungen in dieser Richtung, um die Schülerinnen auf diese menschliche Verhaltensweise aufmerksam zu machen.
Spielerisch dreht sich, wie zu erwarten, die Kommunikation in der dritten Situation wieder um. Es gelten allgemein die Regeln aus der 2. Konstellation – d.h. Tausch der Rollen unter den Spielerinnen, begleitende Aufgaben und das Gebot ausgiebiger Falldeutung.

3. Situation Moderatorin Maria Lehrerin

Etwas später trifft die Lehrerin Maria und stellt sie zur Rede. Maria weiß, dass die Lehrerin nicht immer korrekt Aufsicht führt. Sie weiß nicht, dass die Lehrerin mit Cora gesprochen hat.
Das Gespräch beginnt ...

Variationen:

- In der Handlung kann *elaboriert* gehandelt werden. Das bedeutet, die Spielerinnen „gehen aus der Rolle" und gestalten eine Situation, die den Rahmen der Vorlage verlässt. Bei spielerprobten Gruppen ist diese Möglichkeit unbedingt anzuraten.
- Schülerinnen schreiben selbst eine Situationsfolge. Meist werden dort aktuelle oder verfestigte Ängste, Probleme bzw. Haltungen strukturell deutlich.
- Die Lehrerin vergibt Aufgaben, solche Texte für andere soziale und kommunikative Situationen zu verfassen.
- Auch entpersonalisierte Vorgaben sind möglich, so z. B. historische Texte aus verschiedenen Quellen oder das Thema Atombombenabwurf aus amerikanischer, japanischer, sowjetischer, deutscher und französischer Perspektive.

Einen schönen Gluß aus China

nennen wir ein Sprachspiel, bei dem es, neben richtiger und regelgerecht falscher Sprechweise, auf schnelle Auffassung und kommunikative Cleverness ankommt.

Didaktischer Kommentar:

Mit dieser Übung soll weder diskriminiert, noch sich über eine Personengruppe lustig gemacht werden. Leider ist dieser Vorspann zur Klarstellung immer noch nötig. Kritik an *solchen* Spielen kommt stets von denen, die eh nie spielen, weil sie keine kritische Selbstdistanz besitzen oder/und nie ein Bewusstsein variierender Identität aufzubauen vermochten.
Der *Gluß aus China* benutzt eine historisch zwar belegte, aber als Klischee untaugliche Eigenheit fernöstlichen Sprachwiderstandes – das Pidgin. Dabei wird das *R* zum *L*. Eine solche eindimensionale Substitution (die L-Laute werden nicht

in eine andere Form gebracht) bringt die Veränderung der gesamten Sprachstatik mit sich.
Selbstverständlich lassen sich diese Spiele in den Komplex *Spielen mit Sprache,* innerhalb des mündlichen und schriftlichen Sprachgebrauches, einordnen. Gleichzeitig haben diese (und andere) Sprachspiele den Vorteil, dass sie sich unkompliziert als Kombination für andere Fächer einbinden lassen. Der Effekt ist klar: Die Überlegung, sich fachlich richtig auszudrücken, blockiert manches Mal die sinnlichen Ein- und Ausgangskanäle. Eine Verkettung mit einer Darstellungsregel (L für R) deblockiert durch die veränderten Denkmuster weitgehend. Die Schwierigkeit wird praktisch mit der Schwierigkeit leichter. Im Übrigen gilt, was ein Meister des Wortes, der Lyriker Ernst Jandl, über das Thema schrieb: *„Manche denken, es sei schwel, lechts und rinks zu verwechsern. Werch ein Illtum."*

Vorschläge:

Die Gruppe teilt sich in Paare. Die Partner sollen sich eine Minute unterhalten, indem sie eine Form des Pidgin nutzen – nämlich das L zugunsten des R tauschen.

- Zunächst wird meist etwas Ratlosigkeit herrschen. Durchbrechen sie diese, indem Sie die Aufforderung ebenfalls in Pidgin aussprechen: „Fülchtet euch nicht, ihl weldet sehen, es geht bessel, als ihl denkt…
- Nach einer Minute brechen viele Gespräche weg, d.h. das Sprach- und Veränderungsvolumen und die Konzentration ist bei vielen erschöpft.
- Ein zweiter Versuch mit einem anderen Partner ist unbedingt ratsam. Danach kann man die Schülerinnen und Schüler metakommunizieren lassen. Dafür ist die Kugellagermethode hilfreich. Die Klasse teilt sich dazu in zwei gleich große Gruppen. Eine bildet einen Außen- die andere einen Innenkreis. Beide Kreise stehen Rücken an Rücken. Die Mitglieder des jeweiligen Kreises können sich an den Händen halten. Auf ein Kommando der Lehrerin („Lauft nach rechts!") bewegen sie sich. Auf Grund der Gegenüber-Stellung der beiden Gruppen wird so eine Gegenbewegung initiiert. Auf das Kommando „Stopp!" halten beide Kreise an. Die Spieler drehen sich jeweils um 180 Grad und beginnen, eine festgelegte Zeit (günstig ist eine Minute) miteinander zu kommunizieren. Nach einem festgelegten Kommando der Lehrerin (z.B. Kreis bilden) drehen sich die Schülerinnen wieder um 180 Grad, fassen ihre Kreisnachbarn an und bewegen sich nach rechts, bis ihr das nächste Kommando eine neue Gesprächspartnerin zulost.

Variationen:

- Die Gruppe teilt sich in Fernsehpublikum und Podium. Mehr als vier Spieler sollen nicht im Podium sitzen – es könnten jene sein, die in der ersten Übung am besten mit „r" in „l" Veränderung klarkommen. Die Lehrerin moderiert

und stellt dem Auditorium chinesische Industrielle, Sportler, Künstler, Politiker, Modeschöpfer oder Regimekritiker usw. vor. Diese haben dann Gelegenheit zu Statements und/oder einer Diskussion. Das Publikum kann mit agieren.
- Ob Sie sich trauen oder nicht – versuchen Sie Folgendes. Gestalten Sie einmal einen Lehrerinnenvortrag in dieser Form. Das Interesse und die Anteilnahme Ihrer Schüler wird nicht etwa sinken, sondern auf hohem Niveau bleiben. Einerseits wartet nämlich jeder auf einen Fehler – andererseits geht mit dieser veränderten Form auch Sachinteresse einher. Schließlich aktiviert die Decodierung auch die inhaltlichen Behaltensareale.
- Aus dieser Form lassen sich einfache bzw. anspruchsvolle Formen von Geheimsprachen oder -schriften ableiten.
- Von dort ist es nicht weit zum Erkunden fremdsprachlicher Texte oder wissenschaftlich geschriebener Artikel. Das dortige Fachchinesisch kann in eine populärwissenschaftliche Form übersetzt werden.
- Ein solche chiffrierte Hausaufgabe ist zwar kompliziert zu lesen, aber bestimmt mit großer Hingabe gefertigt worden.

Eine Lüge

ist ein kommunikatives Spiel zur Ermittlung sachlicher Fehler und/oder zur Erhöhung von Konzentration und Aufmerksamkeit.

Didaktischer Kommentar:

„Du sollst nicht lügen!" ist einer der überlieferten Imperative der Erziehung. Selbstverständlich sieht die Wahrheit anders aus – Politiker umgehen lügend Regeln, die Werbung flunkert das Blaue vom Himmel und selbst Eltern flüchten in Ausreden... Schule ist in diesem Bezug ebenfalls keine Insel der Seligen. Daher kann das Spiel *Eine Lüge* hier auch bestehen. Es geht nämlich nicht darum, zu lügen, sondern um die Möglichkeit, Lügen zu entdecken. Diese entlarven sich zumindest partiell – sachlich, mimisch, körpersprachlich, stimmlich oder anders. Daneben bietet sich *Eine Lüge* selbstverständlich an, Sachwissen zu ermitteln. Bestes Beispiel des Grundkonzeptes ist *Wer wird Millionär*. Dort geht es um drei Lügen und eine Wahrheit. Lehrerinnen, denen es nicht zu viel Arbeit macht, können in dieser oder einer anderen Form nicht nur partielle Lernfreude erhalten. Sie schaffen es sogar, dass sich über solche Allgemeinbildungskerne die Entdeckerlust gegenüber einem ganzen Interessenzweig öffnet.

Vorschläge:

Zu einem vorgegebenen Thema, einer persönlichen Idee oder einem Lesestück erdenken sich die Schülerinnen drei Aussagen. Zwei davon müssen wahr sein, eine davon ist eine Lüge. Die Klasse oder ausgewählte Schüler raten bzw. ermitteln.

Beispiele:

Sozialkunde:

- Bundeshauptstadt sollte nach der Teilung Deutschlands entweder Bonn oder Frankfurt am Main werden.
- Bei der Bundestagswahl 2002 scheiterte eine dort etablierte Partei an der Fünf-Prozent-Hürde.
- Der Bundestag wählt den Bundespräsidenten.

Geschichte:

- Der Dreißigjährige Krieg begann 1618 und endete 1648.
- Marschall Tilly nahm 1631 Magdeburg ein und wurde dabei tödlich verwundet.
- Als Auslöser des Dreißigjährigen Krieges gilt der *Prager Fenstersturz*.

Deutsch:

- Das Alphabet ist das effektivste und kürzeste vereinbarte Zeichensystem.
- Die präskriptive Grammatik ist eine von sechs Arten der Grammatik.
- Haplographie ist das fehlerhafte Zufügen in einer Folge identischer Buchstaben.

Geografie:

- Der Aralsee hat in den letzten 100 Jahren zwei Drittel seiner Fläche eingebüßt.
- Die Hauptstadt des afrikanischen Staates Togo ist Lomé.
- Eines der größten hinduistischen Heiligtümer ist Paschupatinath in Nepal.

Musik:

- Die Mandoline besitzt 8 Saiten.
- Georg Friedrich Händel hielt eine Sängerin, die ihn kritisiert hatte, am Arm aus dem Fenster eines Londoner Hauses.
- Johann Sebastian Bach starb 1752 in Eisenach.

Persönliches:

-
-
-

Thema:

-
-
-

Variationen:

- Während bei der Bewältigung der Aufgabe am Beginn oft ausschließlich auf den Inhalt der Aussagen geachtet wird, kann die Gruppe bei einiger Übung die kommunikativen Begleiterscheinungen dieser Übung in Augenschein nehmen. Sie wird rasch feststellen, dass es *Lügenmeister* gibt und andere, die einfach *nicht lügen können*. Es ist ratsam, als Lehrerin auf diese individuellen Eigenarten einzugehen.
- Im Anschluss kann es zu einer Analyse von Texten und deren Übermittlern kommen. Lassen Sie die Klasse Informanten (Arzneimittelwerbung, politische Interviews, Soaps) und deren Botschaften untersuchen und Merkmale intakter und gestörter Kommunikation zusammenstellen (siehe hier auch Molcho 1983; 1988).
- Statt drei können selbstverständlich auch vier, fünf oder gar sieben Aussagen vorgestellt werden. Doch mit der Menge der Vorgaben wächst die Ratelust und vermindert die Möglichkeit logischen Klassifizierens (z. B. Ausschließen, Folgern usw.).

Einwandbehandlung

ist ein Sprachspiel, in dem Argumentationsfähigkeit und flexibles Denken erprobt werden. Es kommt aus dem Umfeld der Schulung von Außendienstmitarbeitern in der freien Wirtschaft.

Didaktischer Kommentar:

Eine gründliche Übung dieses Spiels ist zunächst der Lehrerin selbst zu empfehlen. Denn bei Fortbildungen hören wir immer wieder, dass einer Reihe von gestandenen Kolleginnen oft *die Luft wegbleibt*, wenn in Elternversammlungen plötzlich gestichelt oder durch einen Schüler manch spitze, gar nicht einmal rüde Bemerkung gemacht wird. Der didaktische Wert der Übung besteht darin, aus mehreren Optionen der Erwartung optimale Sprachmuster auszuwählen. Schülerinnen und Lehrende können dadurch gleichermaßen schlagfertig und gut präpariert argumentieren.

Vorschläge:

Die Klasse wird in zwei oder vier Gruppen geteilt. Im Stil von *Pro und Contra* wird über ein gegebenes Thema argumentiert. Dies kann am Anfang nach einer bestimmten Reihenfolge A – B – A – B bzw. A – B – C – D, später spontan erfolgen. Auf die Argumente sollten stets passende Gegenargumente oder der prinzipielle Schwenk (auf einen anderen Einwand) erfolgen.
Eine dritte Gruppe – die Schiedsrichter – können abschließend ein Statement abgeben, Argumentationsvorschläge machen und eine Gruppe als Sieger küren. Eine gute Vorübungen zu diesem komplexen Geschehen ist das Spiel *Reißverschluss* (Trautmann 2000; 115).

Variationen:

- *Einwandbehandlung* lässt sich gerade bei solchen Schwerpunkten gut einsetzen, die philosophische Hintergründe, ethische Probleme oder einen fachlich strittigen Charakter haben (Biotechnologie, Lüge und Wahrheit, Impfstoffe, Tugend, Klonen …).
- Die Contra-Gruppe hat einige Minuten, um die Argumente zu prüfen und sie inhaltlich treffend, sowie sprachlich klar zu entwerten. Die selbe Zeit wird anschließend für das *Re* zugestanden.
- *Einwandbehandlung* kann im Reißverschlussprinzip erfolgen. Eine Gruppe von 6–10 Schülern steht sich gegenüber. Es wird ausgelost, welche Gruppe mit dem Argumentieren beginnt. Die Spielleiterin gibt einen Zettel mit einer These an die erste Person. Diese argumentiert kurz (pro) und gibt den Zettel der gegenüber stehenden Schülerin. Diese argumentiert knapp (contra), pro setzt fort usw.
  Verschärfung: Wird ein Argument akzeptiert, bleibt die Schülerin in der Reihe, wird es abgelehnt, wechselt der Schüler an das Ende der „Gegenreihe“.
- Um die Methode zu üben (oder einer bestimmten philosophischen Denkschule auf die Spur zu kommen – dem Sophismus) kann der Sinn der Argumentation zugunsten der Rede reduziert werden. Dazu werden *unsinnige* oder *sinnleere* Thesen ausgegeben, die ebenfalls im Reißverschluss argumentativ ihre Bearbeitung finden (Hat es Sinn, Pinorke zu züchten, um eine Verbesserung des Sunfgrulps zu erreichen?).

Familie Meier

ist ein Spiel, welches Bewegung, Regelhaftigkeit und Kommunikation auf interessante Weise in sich vereint. In diesem Zusammenhang klären wir damit die Koordination von Prozessen gemeinsamer Arbeit.

Didaktischer Kommentar:

Die Grundform des Spieles erinnert zunächst an eines der unsäglichen Gesellschaftsspiele, bei denen jemand auf Kosten anderer *bespaßt* wird. Wir machten jedoch bereits deutlich, dass dies für Schule und Unterricht auf keinen Fall in Frage kommt.
Vielmehr lassen sich bei *Familie Meier* eine Reihe von Unterrichtszielen im Bereich Bildung *und* Erziehung abbilden. Sie kommen jedoch nicht akademisch oder vordergründig belehrend daher, sondern *wie von selbst*. Die Lust am Spiel – und somit der Aufgabe – verlangt Einordnung, Kooperation, Zurücknahme, Rollenakzeptanz und immer Aktivität. Dinge – die selbst professionelle Lehrerinnen in manchen Unterrichtsvollzügen kaum mehr motivieren können.
Die Übermittlung der Spielregel ist einfach, der Vollzug jedoch verlangt den Schülerinnen und Schülern einiges ab. Sie entdecken schnell, dass Lautstärke und brachiale Durchsetzung ihres *Ichs* hierbei zu keinerlei Erfolg führt. Dies ist zwar nicht die Rettung der Welt, aber ein kleiner Baustein, die eigenen, und vielleicht bisher erfolgreichen Strategien zu prüfen und eventuell einer ersten Korrektur zu unterziehen.
Letztlich bietet *Familie Meier* den Lehrerinnen eine nicht zu unterschätzende Anzahl von Beobachtungsschwerpunkten, die für eine angemessene Beurteilung von Teamfähigkeit, Sozialkompetenz und Persönlichkeitsentwicklung zu Rate gezogen werden können.

Vorschläge:

Die Gruppe steht im Raum. Jeder bekommt einen Zettel, auf dem einer der folgenden Name steht (Vater Meier – Mutter Meier – Sohn Meier – Tochter Meier – Hund Meier). Durch Wechsel der Zettel kann zusätzlich eine Mischung erfolgen. Auf ein Kommando hin haben sich die Familien in einer bestimmten Reihenfolge zusammenzufinden (Vater Meier sitzt auf einem Suhl, Mutter Meier auf seinem Schoß, Tochter Meier steht links vom Stuhl, Sohn Meier rechts davon und Hund Meier hockt hinter dem Stuhl).

- Es kann darauf verzichtet werden, die Klasse über die verschiedenen Meiers zu unterrichten. Beim Zetteltausch fällt dies sowieso auf. Aber auch bei fixierten Zetteln wird es im Verlauf der Aktivität zu Verwirrung und Lösung kommen.

- Zunächst handeln alle nach erprobten Mustern. Anders gesagt, es wird lauter. Da mit diesen Strategien jedoch kein vernünftiges Ergebnis zu erzielen ist, gehen viele Schüler rasch zu anderen Methoden über.
- Eine Nachkontrolle lohnt stets (Zettel zeigen lassen, Reihenfolge nachschauen). Weniger, um Schummler zu entdecken, als allen Beteiligten die Schwierigkeiten bewusst zu machen, die vor dem Ergebnis liegen.

Vater Meier	Mutter Meier	Sohn Meier	Tochter Meier	Hund Meier
Vater Meyer	Mutter Meyer	Sohn Meyer	Tochter Meyer	Hund Meyer
Vater Maier	Mutter Maier	Sohn Maier	Tochter Maier	Hund Maier
Vater Mayer	Mutter Mayer	Sohn Mayer	Tochter Mayer	Hund Mayer
Vater Meir	Mutter Meir	Sohn Meir	Tochter Meir	Hund Meir
Vater Mayr	Mutter Mayr	Sohn Mayr	Tochter Mayr	Hund Mayr
Vater Meijer	Mutter Meijer	Sohn Meijer	Tochter Meijer	Hund Meijer

Variationen:

- Zum Sportfest der Schule kann dieses Spiel als Großgruppenanimation verwendet werden. Dazu lassen sich auch verwandte Namen, wie Reyer, Weiher, Geyer oder Leyer, in den unterschiedlichsten Variationen verwenden. Es dient zweifellos der Corporate identity der Schule, wenn Vater Meier – ein Fünftklässler, eine Elftklässlerin als Frau auf dem Schoß, flankiert von zwei Achtklässlern mit einem hechelnden Abiturienten unter dem Stuhl paradiert.
- Die Grundstruktur muss selbstverständlich auf die Klassengröße zugeschnitten werden. Probieren sie die Wirkungen vieler Kleingruppen (7 x Meier, aber nur Vater, Mutter, Tochter) und weniger Großgruppen (3 x Meier, davon Vater, Mutter, ältere Tochter, jüngere Tochter, Sohn, Hund und Katze).
- Verändern Sie die Inhalte, aber nicht die Struktur. Das spielerische Ordnungsprinzip kann für Aufgabentypen, Industriegebiete, Stilepochen, Alkanole, binomische Formeln und die Farbenlehre gelten. Auch zur Ermittlung biologischer Verwandtschaftsmerkmale (Art, Familie, Gattung, Ordnung, Stamm ...) ist das Spiel hervorragend geeignet. Sie ermöglicht Schülerinnen und Schülern ein körperlich begründetes Verhältnis zu den Klassifizierungsmerkmalen. Auch Regelkreise (Biologie, Physik), sowie generelle Ordnungskoeffizienten (Oberbegriff, artbildende Merkmale) lassen sich transportieren.

Beispiel:
Es kursieren in der Klasse die Bestandteile des menschlichen Atmungs- und Urogenitalsystems. Diese müssen sich finden, gruppieren und ordnen. Ähnliches kann man mit allen Strukturen, Reihen oder Konstellationen organisieren.

Foto

ist eine Partnerübung, die auf der Basis vertrauensvoller Zusammenarbeit neue Sichtweisen auf gegenständliche Objekte ermöglicht.

Didaktischer Kommentar:

Allgemein beklagenswert sei die Unfähigkeit der heutigen Jugend, Dinge in ihrer wirklichen Form zu sehen … rügte bereits Seneca im römischen Senat. In der Tat ist in der heutigen mediendominierten Zeit der *schnelle Schwenk* und die oberflächliche Darstellung dominant.
Foto kann diesen Trend nicht stoppen, aber elementar zu einem *verweilenden* Blick auffordern. Dies bedingt die Regel, nach einer Zeit ängstlicher Ungewissheit den Blick zwar nur kurze Zeit, aber intensiv schweifen zu lassen. Dafür erweist sich die Verbindung von sozialem Ausgeliefertsein (blind geführt zu werden) und dem Freilassen zur Sache hin (sich ein Bild machen können) als durchaus fruchtbar. Die Spieler pendeln zwischen Freiheit und Gebundensein – und dies durchaus genussvoll.
Ein weiterer didaktisch hilfreicher Ansatz ist, dass Gesprächsbedarf per se besteht. Sowohl im Rahmen der zwischenmenschlichen Befindlichkeiten („Das war echt Sch., mich über die Wurzel gehen zu lassen …") als auch im inhaltlichen Bereich („Iiih, war das eklig, in den Mülleimer zu gucken …") beginnt der Austausch ohne Aufforderung. Geschickt mit flankierenden Aufträgen durchsetzt, kann diese Übung Bestandteil vieler Unterrichtsverläufe werden – überall dort, wo sich ein neuer Blick auf die Problematik lohnt. Das kann nicht zuletzt die genaue Betrachtung einer Chemikalie (kristalline Struktur) oder bestimmter Geräte (Rundkolben, Stehkolben, Erlenmeyerkolben …) und Apparaturen (Voltmeter, Amperemeter …) sein.

Vorschläge:

Die Gruppe hat sich paarweise zusammen gefunden. Eine ist der *Fotoapparat*, der andere *Fotograf*.

Der *Fotoapparat* muss nun die Augen schließen und darf sie nur dann einen Moment öffnen, wenn der *Fotograf* ihr sacht auf die Schulter drückt. Dann aber behält der *Fotoapparat* das gesehene Bild im Kopf.
Der *Fotograf* hat die Verantwortung für den *Fotoapparat*. Er führt ihn vorsichtig zu der Stelle, die er knipsen will. Danach stellt er den Apparat ein. (Kopf neigen, auf die Knie gehen lassen, Körperdrehung usw.) Nun drückt er sanft auf die Nasenspitze und führt den *Fotoapparat* wieder sorgsam zum Ausgangspunkt zurück. Nun berichtet der *Apparat*, was er aufgenommen hat. Der *Fotograf* sagt, was er aufnehmen wollte. Anschließend wechseln die Partner.

- Meist werden sehr individuelle, teils frappierende Einstellungen gefunden. Das Gespräch braucht nicht moderiert zu werden, es genügt der Hinweis, die Zielrichtung des *Fotografen* und das *Bild* der Kamera zu vergleichen.
- Dieses Spiel kann besonders gut im Freien gespielt werden.
- Besonders pubertierende Spieler müssen darauf aufmerksam gemacht werden, dass die *Kamera* vorsichtig geführt werden muss. Auch ein zwangloses Abschlussgespräch über die Gefühle beim *Nichtsehen* und der *Führung* sind ertragreich.

Variationen:

- Die Teams können je drei Bilder aufnehmen. Anschließend wird über deren Inhalt, mögliche Verknüpfungen und die Intentionen der Fotografin gesprochen.
- Es können nahe und ferne Dinge aufgenommen werden. Manchmal erfährt man im Gespräch, dass die *Kamera* etwas ganz anderes aufgenommen hat, als die Fotografin wollte.
- Zwei Kameras dokumentieren ihr Tun gegenseitig.
- In Schulfächern, bei denen mit Modellen gearbeitet wird, kann ein derartige Foto direkt von einem solchen Modell (Blütenformen, Cro-Magnon-Schädel, sp^3 Konstellation, Limes) geschossen werden. Der *Fotoapparat* berichtet dann, was er gesehen hat, und über die Sache weiß.
- Ist die Übung bekannt, kann die Lehrerin vorab Aufträge ausgeben, etwa eine Reihe von Bildern aufzunehmen oder eine thematische Fotosession zu planen. Mitunter ist dies die Vorarbeit zum *Foto-Marathon*.

Foto-Marathon

ist eine komplexe, summarische Beschäftigung mit einem gestellten Thema bzw. eine fixierende Begleitung projektartiger Unterrichtsvollzüge.

Didaktischer Kommentar:

Ein Merkmal unterrichtlicher Prozesse ist deren Unwiederholbarkeit. Diese Erfahrung machen Referendare, die hervorragende Stunden anderer (samt ihrer Entwürfe) für die eigene Klasse abkupfern und dabei scheitern. Der Vorzug des Ursprünglichen ist gleichzeitig dessen Nachteil. Es gibt kaum Möglichkeiten, im Nachhinein diesen Unterricht noch einmal zu betrachten. Selbst videogestützte Verfahren können lediglich Abrisse erzeugen, von den sprachlich bzw. protokollarisch untergelegten Nachbereitungen ganz zu schweigen.
Für Schülerinnen ist die Lage noch prekärer. Einerseits steuern sie Unterricht nur bedingt mit, andererseits sind sie in großen Abschnitten lediglich aufnehmend (rezepierend). *Foto-Marathon* dreht diese Rezeption zumindest partiell um. Schülerinnen können einen höchst individuellen Blick auf ein Thema, ein Problem, ja selbst auf den gerade ablaufenden Unterricht werfen. Die in diesem Zusammenhang auftretenden *Störungen* sind keine mehr, wenn verbindliche Regeln durch alle eingehalten werden. Aus den Ergebnissen lassen sich mehrdimensionale Erträge für die Schülerinnen selbst, den Unterricht, den Lehrkörper und das Schulklima insgesamt erfassen. Die Aktivität und Einbezogenheit der Schülerinnen, gekoppelt mit Verantwortung und inhaltlicher Freiheit erhöht das zweifellos vorhandene Engagement und verändert die Rolle. Lehrerinnen erhalten ein *anderes* Klassenklima und nicht selten persönlich Zugänge zu einzelnen Heranwachsenden, Unterricht wird als Sache aller neu begriffen (aktuelle und habituelle Motivation) und ein Bild entsteht, wie diese Schule wirklich ist. Gute Ergebnisse lassen sich für eine Außendarstellung verwenden, die wiederum den *Verkaufswert* der Schule steigern kann.
Die Aufwendungen an Material und Ausrüstung sind nach unseren Erfahrungen leichter zu begründen, als landläufig gedacht. So haben wir mittels Sponsoring die Entwicklung sowie das Filmmaterial geschenkt bekommen. In einem anderen Fall benutzten unsere Schüler Einwegkameras, die ebenfalls aus einem Sponsorenpool kamen.

Vorschläge:

Jeder Schüler erhält einen Fotoapparat und einen Film für 24 Farbbilder. Er entwickelt eine Reportage von Bildern, dessen erstes Bild mit einem Begriff mit dem

Anfangsbuchstaben A beginnt. Das zweite Bild berichtet von einem Begriff mit B, das dritte einem Begriff mit C usw. X und Y können ausgelassen werden.

- Wichtig ist, dass die Reihenfolge eingehalten wird.
- Sehr wichtig ist die Vorbereitung. Es ist fast ausgeschlossen, dass mit dieser Regel 24 *Schnappschüsse* in der richtigen Reihenfolge gelingen.

Die Vorbereitung von Franziska (14) zum Thema *Unterricht:*

Anfang – Blabla – Christiane – Drangekommen – Ende – Frage – Gespannt – Händehoch – Igitt – Jungen! – Kunstpause – Landkarte – Minutenschlaf – Nachbarn – Ooops! – Partnerarbeit – Quasseltanten – Referat – Sitzfleisch – Tohuwabohu – Unverständnis – Verständnis – Was meint ihr? – Zinsen

Variationen:

- Es lassen sich auch von allen Schülern der Klasse je 24 Bilder zu vorgegebenen ABC-Begriffen abverlangen. Hier die gemeinsam erarbeitete Kladde der 7 b zum Thema *Adjektive-bildlich:*

apart – breit – charmant – dick – einfach – freundlich – gar – hoch – innerlich – jung – klein – lieb – mandelförmig – niedlich – offen – praktisch – quer – riesig – sanft -tranig – unfrei – verkehrt – weich – zierlich

- Die 24 Bilder lassen sich auch als Zeitstrahl eines Vorhabens benutzen. Da alle Beteiligten aus einer anderen Perspektive fotografieren und dies auch zeitlich versetzt tun, entsteht eine dichte bildliche Beschreibung.
- Für jedes Fach ergeben sich Reihen, die so (oder nach einem vereinbarten Regelsystem) bildhaft gemacht werden können.
- Letztendlich lassen sich bereits in der Klasse 5 mathematische Sachverhalte fotografisch darstellen (Kreis, Kongruenz, Mengen, Körper). Und selbst das Alphabet von A bis Z kann fotografisch aufgenommen werden (Z als Türrahmen, E als Fensterteil usw.).

Der Präsentation der Ergebnisse kommt letztlich höchste Bedeutung zu. Wirkungsvoll geordnet (27 x Ergebnisse von *kariert* auf einem farbigen Hintergrund) wirkt die Präsentation auf Insider, Interessierte und Besucher frappierend.

Gerücht

ist eine sprachlich begleitete oder nichtsprachliche Handlungskette, bei der Unterschiede und Veränderungen in Tätigkeitsvollzügen sichtbar werden.

Didaktischer Kommentar:

Dieses Spiel macht den Anwesenden nicht deutlich, wie Gerüchte wirklich entstehen. Völlig klar wird jedoch deren Strukturveränderung innerhalb ihrer Weitergabe. Da Gerüchte zu den bekanntesten, gleichzeitig jedoch geheimnisvollsten menschlichen Interaktionen gehören, üben sie bereits auf Schülerinnen und Schüler magische Wirkungen aus. Sicher ist aber – jede/r von ihnen litt schon einmal darunter. Heranwachsende sind jedoch auf Grund ihres Erfahrungspotentials noch nicht vollständig in der Lage, den Vollzug eines solchen Ondits in Gänze zu begreifen. Zu viele Sach- und Beziehungsebenen, Strategien und Vorsätze sind *im Spiel*. Gleichzeitig sind bereits Schüler fortwährenden Gerüchten ausgesetzt – im Familienkreis sickert etwas durch, die Freundinnen flüstern etwas und schließlich wird man auf dem Pausenflur vor einer Leistungskontrolle gewarnt ... Sich der Entstehung derartiger kommunikativer *Sprengfallen* zu widmen, gehört zum umfassenden Bildungsauftrag der Schule. Doch auch erzieherische Horizonte sollen angemerkt werden. Selbstredend ist es naiv, wenn linear abgeleitet wird: „Spielen wir dieses Spiel dreimal durch, wird keiner mehr eine Ente in die Welt setzen ..." So funktioniert Erziehung nicht. Die Erfahrung der Informations*verhunzung* ohne Not und Willen – allein über ein Geflecht aus (unvollständiger) Erinnerung und Lust (bzw. Regel) der Weitergabe – macht sensibel. Und eine solche Empfindsamkeit gegenüber Gehörtem, Erfahrenem und/oder Erhorchtem lässt die Absender sorgsam auswählen: Was gebe ich preis? Kann ich verantworten, dass ich dies und jenes sage? Was geschieht widrigenfalls mit dieser Information? Das Spiel ist letztlich eine große Chance für Lehrerinnen und Lehrer, auch außerhalb von Ethik, Religion, Sozialkunde oder der Klassenleiterstunden ins Gespräch zu kommen und im klassischen Sinne Erziehungsarbeit zu leisten – durch Kommunikation, aktives Zuhören und die Übermittlung der Erkenntnis, dass uns nichts Menschliches fremd ist.

Vorschläge:

Fünf Schüler verlassen den Raum. Der Gruppe wird ein Text vorgelesen. Der erste Spieler wird hereingebeten. Ihm wird der Text vorgelesen. Die nächste Spielerin wird hereingerufen. Spieler 1 wiederholt für Spielerin 2 den Text aus dem Gedächtnis. Spielerin 3 wiederholt das Verstandene für Spieler 4. Nachdem Spieler 5 den Text für die Gruppe noch einmal wiederholt hat, wird allen die ursprüngliche Meldung vorgelesen.

- Will man das Spiel vereinfachen, wählt man einen kurzen Text und bittet die jeweiligen Spieler, sich diesen gut zu merken.
- Kompliziert wird es, wenn man einen verzwickten Text wählt, die Spielerinnen zuhören lässt und sie danach *kalt* auffordert, zu wiederholen.
- Anhand des Informationsverlustes bzw. der Informationsverzerrung kann direkt auf den Wert und die Gefahr informeller Mitteilungen hingewiesen werden.

Variationen:

- Eine pantomimische Kette hat als Ausgangspunkt eine nichtsprachliche Aktion, die in der Gruppe beraten und dargestellt wird (z. B. Wischen eines Fußbodens in einzelnen Abschnitten – Füllen des Eimers, Eintauchen des Lappens, auswringen, wischen, abspülen ...). Danach vollzieht sich alles, wie oben beschrieben.
- Fachbezogene Informationsketten nach der *Gerücht*- Struktur zeigen auf interessante Weise die Nutzlosigkeit der einfachen Sprachaufnahme durch Zuhören und Wiedergeben. Ein komplizierter Fachtext wird über 3–5 Stationen mündlich weitergegeben. Am Ende sollte über Lernvollzüge, Unterrichtsgestaltung und alternative orale Informationsübertragung diskutiert werden.
- Filmen Sie diese Kette mit einer Videokamera. Sie bekommen sehr genaue Kenntnis, wann die Schaltstellen des Informationsverlustes einsetzen.

Haus – Baum – Hund

heißt ein kurzes Interaktionsspiel, bei dem verschiedene Klärungsprozesse zwischen Arbeitspartnern erfolgen.

Didaktischer Kommentar:

Schule steht oft in der Kritik für eine, die Kooperation nicht genügend fördernde Einrichtung, in der Auslese und Vereinzelung dominieren. Sicher gibt es dafür Hinweise. Dennoch hat Schule durch veränderte Arbeitsformen gezeigt, dass ein kommunikatives Miteinander sehr wohl möglich (und fruchtbringend) ist. Die

Übung *Haus – Baum – Hund* zeigt eindrücklich die Gegebenheiten in einer willkürlich ausgewählten Partnerschaft. Fragen, wie: *Wer führt von Beginn an die Interaktion? Was geschieht innerhalb der Handlung? Wie werden Konflikte geregelt?* sind wesentliche Indikatoren für eine Einschätzung der Klassensituation.

Es geht hier um die persönliche Durchsetzungsfähigkeit jedes einzelnen Menschen im gemeinsamen Tun. Damit wird die Fehlerhaftigkeit von Theorien völliger Gewaltfreiheit, auch in vorwiegend harmonischen Beziehungen, deutlich. Hans Hielscher benennt diese Übung sogar als Diagnoseinstrument für die Ehe- und Partnerberatung (vgl. Hielscher 1984; 43).

Schulisch birgt diese Übung mindestens drei wesentliche Einsichten für Heranwachsende und Lehrerinnen gleichermaßen. Kooperation gelingt nur in befriedigender Weise, wenn jemand in bestimmten Phasen (Schlüsselsituationen) die Führung übernimmt – u. U. auch gegen Widerstände. Im laufenden Prozess müssen beide Seiten sich bewegen, d. h. wechselseitig führen und sich so inspirieren, soll die Aktion auf Dauer Freude machen. Letztlich müssen – selbst wenn es keine sprachliche Begleitung gibt – kommunikative Zeichen vereinbart werden (Mimik, Gestik, Körpersignale). Lehrerinnen können aber weit umfangreichere Regeln und Vollzüge beobachten, derer sich die Partner bedienen, wenn sie denn Partner sind. Denn die letzte Erkenntnis ist auch die entscheidende. Blockiert einer, kommt kein Ergebnis zustande. Eine spielerische Erfahrung nicht zuletzt für jene, denen die Einsicht in zu akzeptierende Grenzen noch nicht internalisiert wurde.

Letztendlich bildet *Haus-Baum-Hund* – wie angedeutet – ein ideales Diagnostikum für Lehrerinnen und Schüler gleichermaßen. Denn wie in kaum einer anderen Tätigkeit zeigen sich hier die offenen und verdeckten (informellen) Führungsstrukturen innerhalb der Arbeit kleiner Gruppen bzw. Partnerschaften.

Vorschläge:

Jeweils zwei Schüler sitzen gemeinsam am Tisch. Vor ihnen liegt ein DIN-A4-Blatt, sie haben gemeinsam einen Stift. Beide fassen den Stift an (beobachten!) und beginnen – ohne miteinander zu sprechen- mit der Arbeit. Die Lehrerin nennt die Aufgabe: „Zeichnet ein Haus, einen Baum, einen Hund – ohne ein Wort miteinander zu reden!"

- Die Verlockung, miteinander zu reden ist groß. Die Lehrerin sollte alle Versuche sofort unterbinden.

Werden die ersten Paare fertig, fügt die Lehrerin selbst gewählte Folgeaufgaben hinzu, z. B. einen Künstlernamen zu ergänzen, den Zeichnungen eine Note zu geben oder einen abschließenden Satz unter die Zeichnung zu schreiben. Auch hierbei darf kein Wort gesprochen werden.

Variationen:

- Man kann drei andere Gegenstände koppeln, die gezeichnet werden (Stein – Mensch – Wolke; Sonne – Krokodil – Regenschirm ...). Will die Lehrerin das Spiel nach einer gewissen Zeit wiederholen (etwa, weil es den Schülern Spaß gemacht hat, sie neue Entwicklungen in der Klasse beobachten bzw. die aktuelle Sitzordnung testen will), muss sie eine neue Triade von Malobjekten anbieten.
- Auf diese Weise lassen sich auch andere Verrichtungen, etwa das Schreiben, das Zeichnen an der Tafel oder eine handwerkliche Verrichtung (Bleistift spitzen) vollziehen. Wichtig bleibt, dass keiner der Partner *allein* ins Spiel kommt.
- Lassen Sie nach diesem Muster Formeln (Satz des Thales), schematische Darstellungen (Wirbelstromprinzip) oder Modellskizzen (Hochofen) von Unterrichtsinhalten fertigen. Geben Sie danach den Partnern Zeit, ihre Zeichnungen gegenseitig zu (er)klären.

Improvisation

ist in diesem Kontext eine Fähigkeit, bei der Handlungen, Worte, Gesten, Geräusche und Bewegungen spontan auf die Aktion folgen. Dabei sollte das Großhirn seine Kontrollfunktion einschränken und dadurch die kognitive Kontrolle außer Kraft setzen.

Didaktischer Kommentar:

Bei der Durchmusterung der gewählten Auslegung von Improvisation werden nicht wenige Lehrerinnen grübeln. Schule verlangt doch gerade, die Kontrolle durch das Großhirn auszubauen – und nicht das Gegenteil! Genau hierin aber liegt der Wert von Improvisationsübungen. Die zeitweilige Entlastung des Kortex von andauernder Bewertung beugt einem Festfahren ebenso vor, wie es entlastet. Unsere Wahrnehmungen und Empfindungen sind meist darauf ausgerichtet, was andere von uns erwarten bzw. was wir meinen, dass von uns erwartet wird. Der *Polizist* im eigenen Kopf wird zu einer zweiten *Natur*. Gerade Lehrerinnen sind gut angepasste Individuen im gesellschaftlichen Handeln. Diese Selbstkontrolle besitzt auch Blockadefunktion gegenüber spontanen Entscheidungen – die uns mitunter so *langweilig* erscheinen lässt. Selbst das Zulassen von Spielelementen in die Schule ist bei einer Reihe von Oberstudienräten zweifellos nicht (mehr) denkbar. Die Furcht, im Spiel psychotisch, obszön oder unoriginell zu agieren

lähmt sie einerseits. Des Weiteren haben sie ein didaktisches Weltbild, aus dem das Spiel – in welcher Form auch immer – getilgt wurde.
Improvisationsübungen in der Schule lassen dem Über-Ich (Freud 1972) eine Chance des zeitweiligen Rückzuges. Wir nutzen stattdessen das Kindheits-Ich (Harris/Harris 1995) bewusster zur spontanen Reaktion. Didaktische Erträge sind sowohl kurzfristig, wie auch dauerhaft zu erwarten. Da Heranwachsende im Vollzug ihres täglichen Lebens oft Improvisationsmomente meistern müssen, auch in der Schule (Leistungskontrolle, Hausaufgaben), werden ihnen die Modalitäten nicht fremd sein, wohl aber die Inhalte. Lehrerinnen sollten sich dabei von alltäglichen Dingen leiten lassen, kurze Passagen genügen oft, um ein gänzlich anderes Lernklima zu befördern.
Für das *Darstellende Spiel* ist Improvisation eine generelle Voraussetzung, hier müssen mannigfaltige und variierende Formen dem Vorhaben angepasst werden. Schlagfertigkeit, der heutzutage oft vermisste Esprit und nicht zuletzt das damit verbundene Denk- und Kombinationsvermögen lassen nach einiger Übung nicht auf sich warten. Letztlich erfahren Lehrerinnen und Lehrer dabei mannigfaltige „neue" Seiten ihrer Schüler/innen. Dabei sollte jedoch nur konstatiert (festgestellt), jedoch nicht interpretiert (bewertet) werden.

• Improvisation von Situationen

Didaktischer Kommentar:

Eigenschaften, Äußerlichkeiten, Formen, Farben werden zu Ausgangspunkten für die Verwandlung von Dingen. Materialien werden anders wahrgenommen, Blickwinkel verändert, einzelne Seiten z.B. von Hut, Gardine oder (Zeige)Stock werden für Verfremdungseffekte genutzt. Diese Entfernung von der *Normalität* tangiert Schule – wie oft wird in Schule die Meinung der Lehrerin als die einzig richtige gesehen. Jede Sichtweise des Dinges ist in der Improvisation urteilsfrei *in Ordnung*. Erst die Verwendung, die nonverbale Klärung zeigt den anderen, worum es sich handelt. Spielerinnen müssen lernen, ihre Sichtweisen auf die Dinge anderen deutlich zu machen, klare und eindeutige Signale auszusenden, damit sie von anderen verstanden werden. Damit erhalten andere die Möglichkeit, darauf *einzusteigen*. Führungspositionen werden ständig getauscht, jeder ist Ideenlieferant, Konstrukteur und Ver*wurst*er. Alle Übungen benötigen hohe Konzentration, Offenheit und die Bereitschaft, ungewöhnlichen Entwicklungen in Handlungen reaktionsbereit gegenüberzutreten.

Stock, Hut und Gardine:

Bei diesem Spiel geht es um die vielfältige nicht normgerechte Nutzung dieser drei Gegenstände. Dabei müssen 3 Spieler miteinander in Aktion treten und eine Situation spielen.

3 Gegenstände (Wollknäuel, Pfeife, Klassenbuch):

Alle schauen sich die Objekte unter dem Gesichtspunkt an, was man damit darstellen könnte. Eine Spielerin aus der Gruppe beginnt, ergreift ein Objekt und spielt ihre Idee. Ein Zweiter nimmt das Spiel mit dem nächsten (verwandelten) Gegenstand auf. Eine Dritte zeigt durch ihre Handlungen, was der Gegenstand für eine Bedeutung besitzt und sie agieren zu dritt.

Methodischer Hinweis:

Jeder Gegenstand muss eine neue Bedeutung erlangen. Alle Spieler spielen zusammen. Auf Impulse eines Spielers wird eingegangen und die Situation ausgespielt. Es darf keine Blockierungen geben. Handlungen werden umgesetzt und durchgängig nonverbal agiert.

Variationen:

- Gegenstände austauschen.
- Neue Situationen einbauen (Ein Schüler ruft: „Bahnhofshalle!").
- Später Sprache *ins Spiel* bringen – erst Silben, dann Worte, dann Sätze.
- Sprache verfremden – Kauderwelsch, Fantasiesprache.
- Anschlussübung: Wozu könnte ein Teleskop, ein Lehrerzimmer, ein Erlenmeyerkolben noch dienen?

• Improvisation von Gesprächen

Didaktischer Kommentar:

Schule stellt einen Ort der kommunikativen (An)Passung dar. Schüler, Lehrerinnen und organisatorische Rahmenbedingungen haben nur geringen Einfluss auf die gesellschaftlich akzeptierte Institution *Schule*. Die Improvisation von Gesprächen sprengt diesen Rahmen, zumindest für eine kurze Zeit. Durch die Spielerinnen selbst ändern sich Konversationssituationen blitzschnell. Ideen werden eingespielt und alle halten diese Improvisationshandlung am Laufen. Jede neu eingebrachte Variante muss von den Akteuren aufgenommen werden. Wie im täglichen Miteinander werden manche Schülerinnen überhört, nicht ernst (genug) genommen, falsch verstanden usw. weil unausgesprochene Normen alle Hierarchien in Klassenverbänden bestimmen. Die Spielzeit ist begrenzt, damit ein Überschreiten der Frustrationstoleranz eingedämmt. Weiterhin kann mit diesen Übungen einer großen Anzahl von Teilnehmenden die Möglichkeit zur Aktivität gegeben werden.

Vorschläge:

Ein Bild für Drei:

Eine Spielerin geht *ins Bild* mit einer Aussage zu ihrer gegenwärtigen Bedeutung („Ich bin ein Baum!"). Eine nonverbale Handlung mit Geräuschen schließt sich an. Ein zweiter Spieler benennt sich („Ich bin der Borkenkäfer!") und kommuniziert danach. Ein Dritter benennt sich ebenfalls und handelt sprachlich. Die Gruppe spielt in der Szene, bis ein Zuschauer durch Klatschen die handelnden Personen einfriert (Alle bleiben in der gegenwärtigen Stellung unbeweglich stehen). Spielerin 1 verlässt die Bühne. Ein neuer Spieler tritt ins Bild. Er kann im Kontext weiteragieren, aber auch den Abschnitt völlig verändern. Beim nächsten Spielerwechsel tritt wieder der am längsten handelnde Spieler ab und ein neuer Spieler geht in die Szene und kommuniziert (verbal oder nonverbal).

Variationen:

- Zu gegebenen (Unterrichts)Themen kann sprachlich frei improvisiert werden.
- Anfang und Ende eines Vorgangs werden gegeben (Faust und Gretchen treffen sich – Gretchen bekommt ***k***ein Kind). Wie kommt es zum Vollzug dieses Geschehens?

Tipp:

Am Beginn bleiben Schülerinnen und Schüler noch stark an der Vorlage kleben. Mehrere Varianten improvisierend ausspielen. Unter Umständen können Handlungs*dreher* eingesetzt werden.

• Improvisation von Gegenständen

Didaktischer Kommentar:

Schülerinnen und Schüler haben oft Hemmungen, wenn sie Gefühle verbal artikulieren sollen. Durch die Improvisation von Gegenständen, können sie Einstellungen und Haltungen besser ausdrücken.
Im abschließenden Gespräch lernen sie Methoden zur Verbesserung ihrer sprachlichen Ausdrucksfähigkeit kennen.

Vorschläge:

Auf dem Flughafen:

Jeder Spieler bekommt die Aufgabe ein Gegenstand auf dem Flughafen zu sein. Dafür geht jeder Spieler einzeln auf die Bühne und nimmt dort eine entsprechen-

de Körperhaltung ein. Nach und nach folgen weitere Gegenstände. Wenn die Bühne mit den Spielern gefüllt ist, sprechen alle nacheinander über ihre Gefühlszustände:
Der Papierkorb: „Was ich heute alles aufnehmen musste, ich bin soo voll..."
Die Uhr: „Ich hätte einfach Lust, mal stehen zu bleiben, was dann wohl passieren würde?"

Gegenstände verwandeln sich:

Verschiedene Alltagsgegenstände liegen sichtbar vor der Klasse. Ein Spieler nimmt sich einen Gegenstand und zeigt mittels Handlungen dessen nicht normierte Funktion. Die Nächste nimmt diesen Gegenstand als diesen auf. (*z.B. wird der Ball zur Apfelsine und klebt*) und vollzieht eine anschließende Handlung aus der die neue Aufgabe sichtbar wird. (Sonne, Glaskugel, Melone...) Kommt ein Spieler zu keiner neuen Verfremdung, wird der Gegenstand gewechselt.

Variationen:

- Einsatz von Gegenständen mit breitem Anwendungsspektrum (Zollstöcke, Decken usw.). Ein Spieler baut mit dem Zollstock einen Gegenstand und hantiert mit ihm (Spiegel). Die nächste baut eine Schlange (Schlangengift macht schön...). Die Impulse werden hierbei über den Gegenstand gegeben.
- Die Gegenstandsimprovisation bezieht sich auf Schule, Unterricht oder das Lernthema.

• Improvisation von Rollen

Die Biografie des Hutes:

Didaktischer Kommentar:

Kopfbedeckungen schützen nicht nur vor niedrigen Temperaturen, sondern sie sagen etwas über ihren Träger aus. Beobachtet man Menschen im Kaufhaus, wenn sie Hüte ausprobieren, können wir oftmals Veränderungen der gesamten Körperhaltung, Mimik und Gestik feststellen. Jeder hat Vorstellungen über Typen von Hut- und Mützenträgerinnen. Setzen wir selbst eine Kopfbedeckung auf, gelingt uns mit diesem Accessoire eine Verwandlung oft schnell und unproblematisch. Die Übung nutzt die individuellen Vorstellungen über Personen und die Lust/Freude am Anders-Sein-Dürfen. Eine Rolle wird (aus)gespielt. Dabei stellt die Möglichkeit der Auswahl und die Verschiedenartigkeit der Hüte einen wichtigen Aspekt dar.

Vorschläge:

Die Klasse steht im Kreis. In diesen Kreis legt der Spielleiter eine Anzahl verschiedenartigster Kopfbedeckungen. Jeder soll sich für eine entscheiden. Sollten mehrere Spieler einen Hut favorisieren, können sie gemeinsam eine Lösung entwickeln. Dabei kann folgendes Vorgehen gewählt werden.

1. Jeder sucht sich einen Hut.
2. Nehmt diesen in die Hand, setzt ihn nicht auf! Nun setzt euch an eine angenehme Stelle im Raum.
3. Führt einen Dialog mit eurem Hut, betastet bzw. begrüßt ihn. Erklärt ihm die Auswahl. Der Hut kann antworten.
4. Geht zu einem *imaginären* Spiegel. Setzt euch dort den Hut auf. Beim Betrachten verwandelt ihr euch in eine Person. Gebt euch einen Namen, ein Alter, eine Adresse oder fiktive Kleidung.
5. Alle so entstandenen Figuren bewegen sich in einem imaginären Zimmer/Raum. Alle verrichten alltägliche Handlungen, u. U. begleitet von Selbstgesprächen.
6. Versucht herauszufinden, was diese Person nicht gerne macht, und warum das so ist...
7. Probiert aus, was ihr sehr gerne macht, redet dabei oder singt...

Im Anschluss an die Verwandlung werden die Personen interviewt. Einzeln werden sie nach Namen, Beruf, Familienstand gefragt. Sie stellen nun ihre Lieblingstätigkeiten vor.
Die Personen können sich auch auf einer Party begegnen, gemeinsam mit dem Bus in einer Reisegruppe unterwegs sein oder sich im Stau auf der Autobahn treffen. Gegebenenfalls kann – bei spielgewohnten Gruppen – auch von vornherein der Rahmen von Rollenimprovisationen stoffkompatibel eingesetzt werden.

Variationen:

Gedichte bauen:

Die Spielleiterin trägt ein Gedicht vor. Bei einem erneuten Vortrag bauen die Schülerinnen aus ihren Empfindungen das Gedicht und seine Protagonisten nach. Das kann verbal und nonverbal erfolgen. Es lässt sich auch der Frage nachgehen, aus welcher Situation das Gedicht entstanden sein könnte.

Postkarten:

Die Klasse improvisiert eine Szene/baut ein Bild, welches **vor** oder **nach** einer vorliegenden Postkartenabbildung entstanden sein könnte.
Fotos, Gemälde, Statuen, „historische Bilder" oder Filmposen werden dargestellt bzw. weiterimprovisiert.

Lebenslauf

ist in seiner Grundform ein Kennenlernspiel, wird durch uns jedoch zu einer schulfachbezogenen Aktivität, die exklusiv oder im Verbund mit der Projektmethode eingesetzt werden kann.

Didaktischer Kommentar:

Das Beispiel *Lebenslauf* haben wir ausgewählt, um Lehrenden zu zeigen, dass es recht einfach ist, sich einer einfachen Spielstruktur zu bemächtigen und sie für schulisch-fachliche Belange zu modifizieren. Analysieren wir den Ansatz, bleibt das bekannte *Mensch-ärgere-dich-nicht* ohne Chance, die Routine (etwa durch Herauswerfen) zu durchbrechen. Daher ist es nötig, eine neue Form zu finden, das Spiel spannend zu machen. Diese Rolle übernehmen häufig Ereigniskarten. Die Form klammert den Fortgang des Spiels in zweifacher Hinsicht – Spannung baut sich durch die Anzahl der gewürfelten Augen und den Inhalt der Ereigniskarte auf, die man ziehen muss. Da die Gruppe aber vorher die zu erwartenden Aufgaben selbst produzierte, fiebern die Schüler und Schülerinnen zwischen dem Unbekannten (Augenzahl) und den Halbbekannten. (Welche Ereigniskarte erhalte ich? Wer bekommt meine Karte? Kommt nun endlich meine …?)
Diese Grundstruktur kann ohne Mühe auf die meisten Unterrichtsinhalte, ja sogar auf ganze Themenbereiche, angewandt werden. Noch mehr, sie lassen sich – so unsere Prüfung – auf die Ersteinführung beziehen. (Was weiß die Gruppe bereits über …? Wo muss angesetzt werden?) Als Zwischenkontrolle und Ergebnissicherung sind sie ebenfalls einleuchtend, Ideen zum Einsatz als Leistungskontrolle finden Sie unter *Variationen.*
Letztlich sei angemerkt, dass die Erklärung des Problems durch Schüler untereinander mindestens einen ebenso großen Ertrag erbringt, als es die Erklärungen der Lehrer/in vermögen.

Vorschläge: Grundform (Idee nach U. Baer 1982)

Entsprechend dem Alter der meisten Schüler wird eine Würfelstrecke gelegt. Dazu lassen sich DIN-A 4-Blätter benutzen, auf welche die Zahlen 1, 2, 3, 4, 5, 6, 7, 8, usw. geschrieben werden. Lehrerin oder/und die Klasse denken sich Fragen aus, die als *Ereigniskarten* verdeckt neben die Würfelstrecke gelegt werden. Sie müssen einen Bezug zu der Zahl (der Lebensjahre) haben, z. B.

- Möchtest du noch einmal **ein** Jahr alt sein? Begründe!
- Was spielt ein Kind mit **zwei** Jahren?

- Beschreibe ein Foto von dir, als du **drei** Jahre alt warst.
- Viele Schüler mit **vier** Jahren sind im Kindergarten. Erinnerst du dich an eine Episode dort?
- Mit **fünf** Jahren spricht man schon gut. Weißt du eine deiner Fragen an Eltern?
- Schüler mit **sechs** Jahren kommen in die Schule. Wie sah deine Zuckertüte aus?
- ... mit **zwölf** Jahren ist man in der Pubertät. Wie sah die bei dir aus?
- ... mit **achtzehn bzw. neunzehn** Jahren macht man Abitur. Wie sieht deine Lebensplanung aus?

Jede Schülerin erhält einen Spielstein, danach wird gewürfelt, gesetzt und die Ereigniskarte bearbeitet. Wer *oben* angekommen ist, beginnt wieder von vorn. Meist ist dies jedoch nicht notwendig. Denn die Aktivität lebt nicht nur vom Würfelspiel, sondern den sich ergebenden Gesprächen, Erinnerungen und Zusätzen der anderen.

Variationen:

- Die Würfelstrecke bis 30 ausbauen und mit Ereigniskarten bestücken, die einen direkten Bezug zum gerade behandelten Unterrichtsschwerpunkt besitzen. Dabei können die Schülerinnen sowohl die Fragen entwickeln, wie auch die Wiederholung durchspielen. Lehrer berichteten, diese Methode sogar als Leistungskontrolle mit freundlicher Resonanz eingesetzt zu haben.
- Selbst als Wiederholung vor einem großen Test wird diese Form – eingesetzt in der Kleingruppe – gern benutzt. Da es bei der Bearbeitung der Ereigniskarten stets zu einem fachlichen Austausch der Beteiligten (Annahme, Ergänzung, Vertiefung, Erweiterung usw.) kommt, ist für den Lernertrag gesorgt.
- Im Rahmen von Projekten kann eine Arbeitsgruppe das entsprechende Modell (Würfelrallye) entwickeln und vorstellen.
- Die Karten können gemischt oder ausgelegt werden.

Mein Bild – dein Bild

ist ein Kennenlernspiel, welches sich zur Diagnose von Gruppen bzw. Gruppeninteressen eignet.

Didaktischer Kommentar:

Der Begriff des Kennenlernspiels soll in diesem Kommentar näher betrachtet und erweitert werden. Viele Lehrerinnen überblättern nämlich diese Charge mit dem Motiv, ihre Klasse(n) bereits längere Zeit zu überblicken. Lediglich für neu zusammengestellte Klassen – etwa beim Übertritt von der Grund- zu weiterführenden Schulen oder in das Kurssystem – hätten sie noch ihre Berechtigung.
Dies ist jedoch nicht so. Da wir in diesem Buch grundsätzlich für die Anwendung bestimmter Grundmuster von Spielen mit variierenden Inhalten plädieren, möchten wir auch den Begriff des Kennenlernens sehr weit verstanden wissen. *Mein Bild – dein Bild* ist daher nicht nur hilfreich, wenn man sich als Heranwachsender oder Lehrerin einen Überblick machen will, wer zukünftig in der Klasse ist. Es lässt sich immer dann nutzen, wenn es zu einer Neuorientierung im sozialen Leben der Klasse oder um bestimmte Richtungsentscheidungen geht. Selbst ein konkretes Projekt oder Vorhaben lässt sich – unabhängig der bekannten demokratischen Mehrheitsbeschlüsse – informell abbilden.
Im Rahmen der Spielregeln – die den Beteiligten eine gehörige Portion Arbeit und Kommunikation abverlangen – kommt es zu interessanten flankierenden Lern- und Verhaltenserträgen. Beide Partner müssen sich aufeinander einlassen. Sie entscheiden selbst, wie weit sie den anderen ihre Gefühlswelt präsentieren. Sie erfahren dabei oft ungewöhnliche Wendungen. Eine Schülerin, die eine andere *aufgrund ihres schnippischen Wesens* nicht sehr mochte, erfuhr von ihrer Partnerin in *Mein Bild – dein Bild*, dass es der Betreffenden genau so mit ihr erging. Dies kann der Beginn eines Prozesses der Auseinandersetzung und Klärung von Beziehungen sein, zu der die Schule immer wieder aufgefordert wird und deren Erziehungsauftrag – die Herstellung tragfähiger Beziehungen – genau dies aussagt.

Vorschläge:

Das Spiel wird in Zweiergruppen gespielt. Man benötigt Blätter (am besten Größe DIN A 3 weiß), Zeichenkohle oder dicke Filzstifte. Zunächst haben die Partner die Aufgabe, sich gegenseitig den Umriss ihrer Köpfe auf das Papier zu zeichnen.

- Dazu können die Köpfe direkt auf das Papier gelegt und die Umrisse gezeichnet werden. Wenn dies nicht so gut gelingt, ist es nicht schlimm.
- Als eine sehr ästhetische Möglichkeit empfehlen wir Schattenbilder nach Vorlage am Overheadprojektor (OHP). Dazu wird das Papier mit Klebestreifen an der Wand befestigt und der OHP eingeschaltet. Die Schülerin stellt sich direkt vor das Blatt und der Zeichner zieht die Hell-Dunkel-Linie des Profils nach.

Partnerin A hält das Portrait von Schüler B in der Hand und umgekehrt. Die Partner haben danach die Aufgabe, sich gegenseitig über Wissenswertes zu ihrer Person zu befragen. Jede stellt zunächst dem anderen *eine* Frage, danach wird gewechselt. Die jeweilige Antwort schreibt die Fragerin in den Umriss des Kopfes (z.B. als Mund, Nase, Augen, Ohren und Haare). Das *Bild* entsteht aus dem Umriss und den Inhalten, die erfragt wurden.

- Alle Umrisse mit den Aussagen können im Klassenzimmer ausgehängt (und diskutiert) werden.
- Manchmal gibt es in einer Klasse *Grundfragen*, die oft gestellt werden. Dazu lohnt vielleicht eine moderierte Gesprächsrunde.

Variationen:

- Die Spielform eignet sich besonders gut im Jugendbereich, da man aus der Summe der Informationen (Hobbys, Vorlieben) recht gut Projekte, Vorhaben oder gruppenspezifische Aufgaben und/oder Reaktionen abheben kann.
- Es lassen sich aber auch die Gedanken zu sehr konkreten Vorhaben abbilden. Der Vorteil eines solchen Geschehens ist das Ausblenden des großen Rahmens, in dem u.U. Hemmungen auftreten. Die Besprechung des Themas: *Klassenfahrt am Ende des Schuljahres* kann in aller Breite (10 Aussagen) als sehr authentisch angenommen werden.
- Gerade bei eher intimen Themen kann *Mein Bild – dein Bild* besondere Bedeutung erlangen. In einer Klasse mit sehr aggressiven Sozialbeziehungen hängte die Lehrerin alle Umrisse der Schülerinnen und Schüler wahllos in einen leeren Klassenraum. Einzeln wurden die Heranwachsenden gebeten, in diesen Raum zu gehen und in bestimmte Umrisse jene Dinge zu schreiben, die man sich (noch) nicht zu sagen getraute. Selbst zugeklebte Briefe hingen nach einer Zeit an den Zeichnungen. Schließlich brach das Eis und eine (noch außerordentlich kontroverse) Kommunikation begann.
- Auch in der Sexualerziehung, bei Zukunftsvisionen oder in Vorbereitung berufsberatender Gespräche lässt sich die Form einsetzen.
- Abweichend davon kann *„Was weißt du über…“* angeregt werden. Dazu befragen sich beide Partner über ein Thema und notieren die Ergebnisse ebenfalls in den Kopfumriss.
- Lehrerinnen sollten immer einige „leere“ Umrisse ihrer Klasse parat haben oder die ersten Entwürfe ebenfalls in DIN A 3 kopieren.

Mörder von London

ist ein Strategiespiel, in dem sich die wenig mächtige Gruppe gegen eine übermächtige Einzelperson durchsetzen muss.

Didaktischer Kommentar:

Über die Frage, ob man ein Spiel *Mörder von London* zum Thema machen darf, ja sogar das Attentat thematisieren kann, soll hier nicht diskutiert werden. Lehrerinnen, die diese Spielhandlung mit ihrem Gewissen nicht vereinbaren können, sollten weiterblättern. Für alle, die das Spiel in der Schule durchführen, kann als Argumentationshilfe gelten, dass

- Schüler Gewaltfantasien haben und ausspielen.
- mediale Angebote wesentlich größeren Einfluss auf das Denken und Handeln haben, als dieses Spiel (und sein Titel).
- letztlich ein Überbehütungskomplex Schülern nicht hilft, eine kritische Distanz von Sprache, Erleben und Erinnern aufzubauen.
- Tipp: Wem das Spiel, aber der Titel nicht gefällt, kann ihn ändern, etwa in *Liebespfeile.* Amor schießt Pfeile und die Liebenden sinken zu Boden…

Zurück zum Thema. Das Thema Aufmerksamkeit ist ein wichtiges Thema in der Schule. Das Spiel zeigt allen Beteiligten jedoch nicht nur, dass erhöhte Aufmerksamkeit ein Schlüssel zur Problemlösung sein kann. Gleichzeitig kann sie nämlich – gekoppelt mit verschiedenen sozialen Kompetenzen, wie gegenseitige Rücksichtnahme, Absprache, gemeinsames Handeln, Zusammenarbeit – zum Erfolg der (scheinbar) Machtlosen über die Macht führen.
Es liegt uns fern, in diesem Zusammenhang dem Spiel einen revolutionären Charakter zu unterstellen. Elemente dieser sozialen Qualitäten jedoch – in einem interessanten, spannenden und variantenreichen Spiel versteckt – sind als Lernziele in der Schule essentiell.

Vorschläge:

In der ursprünglichen Form bekommen alle Schüler einen kleinen Zettel. Auf nur einem dieser Blätter ist ein kleines Kreuz markiert. Diese Person ist der Mörder, der in London sein Unwesen treibt. Seine Waffe sind die Augen. Das Spiel beginnt, die Klasse läuft locker im Raum umher. Der Mörder zwinkert seinem potenziellen Opfer zu, welches daraufhin mit Seufzen zu Boden sinkt.

Hat jemand aus der Gruppe dieses Tun beobachtet, sagt er: „Stopp!". Alle bleiben stehen. Er nennt den Namen des mutmaßlichen Täters. Stimmt dieser, ist der Mörder enttarnt. Ist der Benannte nicht der Mörder, muss der Beschuldigende das Spiel verlassen und die Runde beginnt von vorn.

Tipp:

Erinnern sie die Schülerinnen und Schüler daran, dass man sich zwar selbst schützen kann, wenn man allen Blicken ausweicht und stets zu Boden schaut. Dieser Spieler kann jedoch auch nicht helfen, den Mörder zur Strecke zu bringen.

Tipp:

Achten Sie als Spielleiterin auf die *Toten.* Mitunter versuchen diese, den Lebenden Hinweise zu geben. Dieser Art von Transzendenz sollte Einhalt geboten werden.

Tipp:

Bei der Auswahl des Mörders hat sich die Spielkartenmethode bewährt. Eine Karte (Rot König) wird als Mörderkarte bestimmt. Bei der Detektivmethode können zwei korrespondierende Karten (Detektivkarten) bestimmt werden.

Variationen:

- Da die Grundform für spielerfahrene Klassen sehr bald nicht mehr ausreicht, gibt es mannigfaltige Regeln zur Verschärfung. z. B. verlangt die 3 Sekunden-Regel, dass das Opfer, wenn es *gezwinkert* wurde, noch drei Sekunden lebt, bevor es stöhnend zusammenbricht. Die Identifikation wird maßgeblich erschwert.
- Die Argwohn-Regel erfordert zwei gleiche Verdachtsgründe. Hat jemand den mutmaßlichen Mörder ausgemacht, ruft er: „Stopp! Ich habe einen Verdacht!" Antwortet keiner, geht das Spiel weiter. Hegt eine andere Spielerin aber ebenfalls Argwohn gegen einen Spieler, so antwortet sie: Ich auch!" Gleichzeitig zeigen sie nun auf den mutmaßlichen Täter. Sind es unterschiedliche Spieler, geht die Jagd weiter. Zeigen beide auf die selbe Person und ist diese nicht der Täter, so muss sie sagen: „Ich bin's nicht." Das Spiel geht dann weiter. Ist es der Täter, hebt er beide Hände hoch.
- Noch schwerer ist die Detektiv-Regel. Je nach Gruppengröße werden ein bis drei Detektive eingesetzt (Karte mit eingezeichnetem Kreis bzw. Detektivkarte). Nur diese dürfen – nunmehr aber ungestraft – einen Verdacht äußern bzw. den Mörder fangen.
  Haben die Detektive sich erst einmal bemerkbar gemacht, sind die meisten von ihnen bereits tot...
- Der Nachtmörder kommt z. B. bei einem Spielabend in der Jugendherberge oder auf der Klassenfahrt. Jeder hat eine Kerze, die in einem Spritzschutz steckt (Bierdeckel mit Loch). Gleiche Regeln gelten, jedoch löscht der Mörder oder die Mörderin hier das Lebenslicht (die Kerze) aus.

Nacht von Palermo

nennt sich ein komplexes Strategiespiel, bei dem die Spieler durch genaue Beobachtung, kommunikative Signale und Verlaufsanalyse Personen isolieren müssen.

Didaktischer Kommentar:

Alles, was gerade über Mörder gesagt wurde, es gilt auch hier. Halten Sie Abstand, wenn Ihnen das Thema Bauchschmerzen bereitet. Spielen Sie es, wenn Ihnen die sichtbar werdende Professionalität der Klasse wichtig ist, eher unklare kommunikative Signale aufzunehmen und zu deuten.
Unsere Welt ist voller widersprüchlicher Zeichen. Vor allem im Gespräch, der Mimik und Gestik kommt es täglich zu fehlerhaften Deutungen, falscher Interpretation und Ärgernissen, die sich aus ihnen ergeben (und selbst Grund für neue Verwicklungen sein können). Das Spiel verlangt solche mutwilligen Vernebelungen und es gibt der Gruppe die Möglichkeit, diese zu erkennen.
Zum ersten Mal eingesetzt, erleben einige Lehrerinnen und Lehrer eher ein Fiasko. Das Spiel endet sehr schnell. Den Spielenden fehlen die Erfahrungen, wie man Nebel erzeugt, verwirrt und falsche Fährten legt. Bereits im zweiten Versuch jedoch staunt man über die kommunikative Verwandlung in der Gruppe.
Wir empfehlen, nach Möglichkeit, einen Videomitschnitt des Spiels mit nachfolgender Analyse der Schlüsselszene(n).
Ein ethischer Kommentar, ob man durch das Spiel nicht die Seele der Spielenden schwärzt, ist überflüssig. Nicht das Spiel gebiert verruchte Seelen, sondern deckt in einer *als-ob* Situation auf, was uns allenthalben im Alltag widerfahren kann – Täuschung, Versehen, Verdacht, Verwechslung. Jene *als-ob* Situationen haben den unschätzbaren Vorteil, dass man ihnen sofort entsagen kann. Dies wissen alle Spieler und jene Gewissheit macht frei – sich darauf einzulassen.
Nacht in Palermo sollte möglichst nicht *nur* gespielt werden. Es kann den Impuls zu einer brisanten Diskussion bilden, welche die Schwerpunkte Sprache, Medien, Wahrheit, Deutung und Gesellschaft beinhalten können.

Vorschläge:

Die Klasse sitzt im Kreis. Die Lehrerin verteilt an jeden ein Los. Zwei Zettel haben ein Kreuz – diese Schülerinnen sind Mafiosi. Ein Zettel zeigt einen Kreis. Dieser ist ein Detektiv (siehe *Variationen*). Die, deren Lose leer sind, spielen die Bürgerinnen und Bürger. Die Zettel werden anschließend wieder eingesammelt.

Die Lehrerin bzw. ein Schüler als Spielleiter beginnt die Erzählung „... dass man sich in Palermo befinde, es Nacht würde und alle zu Bett gehen". (Je nach Situation kann dies auch blumig erzählt werden: „Die Bürger haben ihr Tagwerk vollbracht, Wein gekeltert, Brot gebacken, Oliven *geschlagen*. Nun gehen sie zu Bett, recken sich, strecken sich und schlafen langsam ein ..."). Alle Mitspieler müssen daraufhin die Augen schließen. Der Spielleiter fordert nun auf: *Die Mafiosi öffnen die Augen.*

Die Betreffenden tun dies, machen sich nonverbal (Augen-, Lippen- bzw. Handzeichen) aus, wer *ermordet* werden soll. Danach schließen sie ihre Augen wieder. Der Spielleiter hat dies alles beobachtet und kündigt den Morgen an. Nachdem alle erwacht sind („Alle öffnen die Augen, strecken sich."), sagt er, wer ermordet wurde.

Alle (Bürger, die Mafiosi und der Detektiv) diskutieren nun, wer die Mörder gewesen sein könnten. Dabei ist ziemlich alles erlaubt – Rede – Widerrede – Abrede – Streit – Zweckbündnisse – Konfrontationen – Gerüchte ... Auf mindestens einen Verdächtigen *muss* sich – notfalls per Akklamation – geeinigt werden. Dieser wandert dann ins Gefängnis. Er scheidet ebenfalls aus dem Spiel aus. Alle Toten und Gefangenen dürfen aber, ohne einen *Mucks* von sich zu geben, den Fortgang des Spiels beobachten.

Es beginnt die zweite, dritte, vierte Nacht in Palermo mit den gleichen Aufforderungen.

Ziel der Mafiosi muss es sein, den Verdacht der Bürger von sich abzulenken. Gleichzeitig müssen sie versuchen, viele Bürger umzubringen. Das Ziel der Bürger ist es, die Mafiosi so rasch wie möglich zu enttarnen. Das Spiel endet, wenn beide Mafiosi im Gefängnis oder alle Bürger tot sind.

- Die Lehrerin kann natürlich auch inmitten des Spiels einen goldenen Schnitt machen. Auf alle Fälle sollte das Spiel nie *für sich* stehen, sondern über die kommunikativen Mechanismen nachträglich gesprochen werden.
- Geben Sie auch den Langzeitbeobachtern die Chance der Artikulation. Wer als erster Spieler ermordet wurde, hatte Zeit, die gesamte Handlung samt ganzer Bandbreite der Finten erfahren zu haben. Solche Analysen sind oft ungeheuer lehrreich.

Variationen:

- In der Detektiv-Variante läuft die erste Nacht in Palermo in der Grundform ab. In der zweiten Nacht kann der Detektiv zum Zug kommen. Er darf, nachdem die Mafiosi gemordet und die Augen wieder geschlossen haben, ebenfalls die Augen öffnen und nonverbal (mit der Hand, dem Kopf etc.) einen Tipp abgeben, wen er für die Mörder hält. Der Spielleiter antwortet mit Kopfschütteln bzw. Nicken. Damit kann der Detektiv die Diskussion der Bürgerinnen und Bürger gezielt beeinflussen und die Enttarnung vorantreiben. Allerdings darf er weder seine Detektiv-Identität aufdecken, noch die Mafiosi direkt verraten.

Ohnmacht

heißt die Grundform eines Kooperationsspiels, bei dem Beobachtung, Gruppenverhalten und Kooperationsfähigkeit eine wichtige Rolle spielen. Es wird hier fachspezifisch eingesetzt.

Didaktischer Kommentar:

Immanenter Bestandteil der schulischen Arbeit ist die Sozialerziehung. Viele Lehrerinnen leisten dort täglich solide Arbeit. Einige jedoch bemerken, dass allein über die Worte nicht automatisch eine Besserung des Geschehens eintritt. An Klagen wie: „Dem Danny aus der 9 a kann ich tausendmal etwas sagen, der …" kann man den Frust ablesen.
Spiele zur sozialen Erziehung sind natürlich keine Heilsbringer, durchbrechen aber die Vorherrschaft der belehrenden Worte. Damit werden sie ungewöhnlich und interessant. Da Heranwachsende stets gern spielen, ist auch die Akzeptanz weitgehend gesichert. In der ursprünglichen Spielidee scheint die Aufgabe ganz einfach. Die Klasse nimmt wahr, dass sich zwei Drittel der Gruppe um ein Drittel kümmern müssen, wenn diese nach der Spielregel zu Boden sinken. Bereits in der Anfangsrunde erkennen sie jedoch die Differenz zwischen Kognition („Ppphhh was für ein Kinderkram!") und Realität („Oooops, nur dreien ist geholfen worden?"). Erst nach mehreren Runden entsteht eine gewisse Hilfe-Routine, der Blick hat sich erweitert, die Aufmerksamkeit ist schärfer („Ich schau mich wie ein Luchs um, damit ich helfen kann …"). Obwohl die Übertragung auf den Alltag keinesfalls gewährleistet ist, können wiederkehrende Spielangebote einige wichtige Transferleistungen *ins Leben* befördern helfen.

Vorschläge:

Die Klasse zählt ab, so dass Dreier-Gruppen entstehen. Die Schüler merken sich ihre Zahl und beginnen, locker im Raum zu laufen. Die Lehrerin ruft nun eine der Zahlen laut aus, z. B.: „Zwei". Alle Zweien sinken nun ohnmächtig zu Boden. Der Rest der Schüler – also Einsen und Dreien müssen versuchen, den Ohnmächtigen zu helfen, sie vor dem Sturz zu bewahren, aufzurichten oder ihnen unter die Arme zu greifen, dass sie nicht fallen.

Tipp:

Erfahrungsgemäß gibt es beim ersten Durchgang ein heilloses Durcheinander mit vielen Opfern. Sogar in der Lehrerinnenfortbildung sind erwachsene Menschen trotz nachweislich begriffener Spielregeln nicht in der Lage, allen Ohnmächtigen zur Seite zu stehen. Ein Diskussionspunkt in der nächsten Dienstberatung?

Variationen:

- Ein sehr anschauliches Fachbeispiel der Theatralisierung z. B. für das Ausfällen von Salzen basiert auf diesem Prinzip. Jede Spielerin bekommt einen Zettel, auf dem eine bestimmte Kationensorte steht (Ca^{2+}, K^{+}, Co^{2+}, Ba^{2+}, Al^{3+} usw.). All diese Ionen bewegen sich frei im Raum. Nun „schüttet" die Lehrerin eine bestimmte Anionensorte dazu, ruft z. B.: „Phosphationen". Alle unlöslichen Salze müssen nun zu Boden sinken. (Auf diese Weise erfahren z. B. alle von der Tatsache, dass es keine unlöslichen Nitratsalze gibt).
  Im Beispiel dürfte keiner der Schüler in die Hocke gehen, denn alle Nitrate sind wasserlöslich. Mit Sulfaten oder gar Sulfiden sieht das ganz anders aus.
- Weitere Varianten dürften nicht schwer zu finden sein. Das beherrschende Prinzip ist die Fraktionierung. Das bedeutet: Aus einer Summe werden bestimmte Teilmengen abgefragt. Ein Beispiel aus dem Fach Kunst: Jeder bekommt eine Postkarte mit einem Gemälde. Beim lockeren Herumgehen im Raum tauschen alle die Karten. Nun ertönt der Begriff: „Impressionismus". Alle, die gerade ein impressionistisches Meisterwerk in der Hand halten, sinken zu Boden …
  Auch die Fraktionierung in literarische Stilepochen, die Einordnung großer Flüsse (z. B. zu den Kontinenten) lässt sich denken.

Ordnungsspiele

heißt eine ganze Gruppe von Interaktionen. Sie haben die Aufgabe, den Spielenden die Notwendigkeit, die Herstellung und den Nutzen von Strukturen, Gruppierungen, Kategorien und Einheiten zu zeigen. Sie werden mitunter als Präludium (Vorspiel) benutzt um Mannschaften zu bilden.

Didaktischer Kommentar:

Für die Sportlehrerin sind sie mitunter ein Nagel zum Sarg, für Schüler und sogar Jugendliche sind es allzeit gewünschte und zelebrierte Rituale – das Ordnungsspiel „Mannschaften wählen". Dabei ist es zweitrangig, ob nur noch zehn Minuten Basketball gespielt wird – allein die Bestimmung der Mannschaftsführer artet manchmal in eine Tagesveranstaltung aus.

Grundsätzlicher Nachteil dieser Vorgänge – immer die gleichen Schüler bleiben sitzen. Dicke, Zahnspangen- oder Brillenträger, unsportliche oder nicht beliebte Kinder.... oft gibt es Frust. Es ist nicht Aufgabe dieses Buches, die sozialen Verwerfungen zu analysieren oder gar den Lehrerinnen von derartigen Vollzügen abzuraten. U. E. gehören sie als bestimmte Seite kindlicher Kultur zum originären Leben dazu – von Exzessen einmal abgesehen.
Der Wert von (Zu)Ordnungsspielen – dies wollen wir andeutungsweise zeigen – geht jedoch über die Gruppenbildung hinaus. In unserer kleinen Auswahl sollen Spielerinnen und Spieler die Möglichkeit erhalten, eigene Ordnungsprinzipien zu überdenken und sie der Gruppe zur Verfügung zu stellen. Denn jeder Heranwachsende hat ein eigenes Verständnis gegenüber Strukturen, Kategorien und der Herstellung einer eigenen Übersicht.

Vorschläge:

ABC-Namen:

Die Gruppe steht entspannt im Raum und schließt dann die Augen. Stellen Sie nun die Aufgabe, dass sich alle in einer Reihe nach dem Alphabet ordnen sollen. Zusatzorientierungen (A steht… und Z hier) sind akzeptabel.
Verfolgen Sie die sich entwickelnde Kommunikation und gewählte Strategien. Machen sie anschließend einige davon der ganzen Gruppe zugänglich.
Achten Sie auf jene Schüler, welche die Grundregel (Die Augen bleiben zu!) missachten – Gesprächsanlass!

Geburtstagskette:

Die Gruppe steht entspannt im Raum. Die Augen werden geschlossen. Nun bekommen alle die Aufgabe, sich nach dem Alter zu gruppieren. U.U. kann vorher – wenn alle Schüler ihre Augen noch geöffnet haben- die Möglichkeit zur Orientierung gegeben werden („Die Älteste steht an der Tafel, der Jüngste…“).

Gut & Böse:

Diese Reihenbildung zeigt das unterschiedliche kommunikative Gewicht, welches Worte und deren Zusammensetzung besitzen. Letztlich ist es ein interessantes Spiel für Lehrerinnen selbst, die ihre eigene Sprache untersuchen wollen.
Auf Zetteln stehen Worte, die zwischen *gut* und *böse* pendeln. Die Klasse muss sich nun entscheiden, wo sie ihre eigenen Begriffe einordnet.
Die Idee kam uns bei einer Hospitation. Ein Lehrer benutzte viele Attribute zur Kennzeichnung der Schüler.
Nach dem Spiel sollte über die Verwendung und Deutung von Zuweisungen gesprochen werden. Unter Umständen bekommt die Lehrerin ihr eigenes Sprachprofil widergespiegelt.

gut	saugut	richtig gut	klasse	obergut	wau
Mensch…	sehr böse	schlecht	bös	böswillig	du, du
ganz gut	na ja	halb gut	du Guter	Allerbester	ooops
bösartig	oberböse	Böseste	nicht gut	Weltmeister	lieb
immer gut	manchmal	recht böse	ständig böse	nur gut	meist recht gut
arg					

- Die Durchsetzung der Aussagen von *Gut & Böse* mit so genannten falschen Elementen macht eine Rangfolge zusätzlich schwierig. Sie zeigt aber unseren meist sorglosen Umgang mit Ausdrücken, welche die Heranwachsenden vielfach nur schwer deuten können.
- Bei den oben stehenden Begriffen ist der Ironiegehalt kaum erkennbar. Er jedoch dreht die Begriffe zusätzlich in ein anderes Licht. Eine achte Klasse kann dies bereits sehr gut deuten.

Verdauungstrakt & Co.:

Unsere Grundidee war, Ordnung in bestehende (und/oder zu lernende) Systeme zu bringen. *Verdauungstrakt & Co.* steht hier lediglich als eine Anregung für viele fachbezogene Übungen dieser Art.

Geben sie jedem Schüler der Klasse einen Zettel, auf dem ein Abschnitt des Verdauungstraktes notiert ist. Die Klasse läuft locker im Raum. Auf ein Kommando ordnet sich die Gruppe in die richtige Reihenfolge.

- Als Variante bietet sich an, Verdauungstrakt neben Atmungssystem agieren zu lassen oder mit dem Herz-Kreislaufsystem zu koppeln.
- Auch hier können falsche Elemente eingeschleust werden, die isoliert werden müssen.
- Sogar dynamische Systeme lassen sich darstellen, nachdem deren Ordnung geklärt ist (Lebendes Herz, Transportoptimierung in Flughäfen, Säure-Base-Titration usw.).

Mund	Rachen	Speiseröhre	Magen
Dünndarm	Blinddarm	Dickdarm	Zwölffingerdarm
Mastdarm	After	Schilddrüse	Luftröhre

Mund	Nase	Kehlkopf	Luftröhre
Bronchien	Lungen(flügel)	Lungen(lappen)	Lungen(bläschen)
Speiseröhre	Herz	Zunge	Rachenmandeln

Gruppenbildung:

Jahreszeiten: Werden vier Kleingruppen benötigt, lässt sich die Klasse in Wintergeborene (Januar – März), Frühjahrgeborene, Sommergeborene und Herbstgeborene teilen.

Kartenmethode: Je nachdem, wie viele Gruppen benötigt werden, lassen sich mannigfaltige Möglichkeiten finden (Farben, acht Karten pro Farbe, Luschen und Augenkarten, Summen der Werte usw.). Karten austeilen und gruppieren.

Tip – Tap: Zwei Schüler stehen sich in einem Abstand gegenüber. Abwechselnd setzt jeder einen Fuß vor den anderen. Dabei sagt der eine *tipp* und der andere *tapp*. Derjenige, der zuletzt seinen *ganzen* Fuß in die Lücke hineinbekommt, darf den ersten Mitspieler wählen.

Streichhölzer: Ein Schüler hält ein Streichholz in einer Hand hinter dem Rücken. Die Mannschaftsführer sagen „rechts" oder „links". Wer das Streichholz bekommt, darf den ersten Mitspieler bestimmen.

Elefantenmethode: Damit können Gruppen jeder Größe gebildet werden. Für drei Mannschaften mit je 8 Schülern werden drei Zettel gebraucht. Je ein Elefant – gern in unterschiedlicher Art und Weise, Farbe etc. – wird auf einen Zettel gemalt. Die drei Zettel werden in acht Fetzen gerissen, gemischt und verdeckt auf den Boden gelegt. Jeder zieht einen Schnipsel. Die Elefanten werden passend zusammengelegt und all diese Schüler bilden die Gruppe.

Frank & Franka: Für gewünschte koedukative Partnerarbeiten werden männliche und weibliche Formen eines Namens getrennt auf Zettel geschrieben und ausgeteilt. Laut Liste arbeiten dann zusammen: Franz und Franziska, Gerd und Gerda, Wilhelmine und Wilhelm, Ron und Ronja, …

Pantomime

ist die nonverbale, statisch oder dynamisch vollzogene Darstellung von Vorgängen (Handlungen, Charaktereigenschaften, Zuständen, Situationen usw.). Sie kann allein oder in der Gruppe erfolgen. Pantomime ist ein Element der Theatralisierung.

Didaktischer Kommentar:

Die meisten Unterrichtsstunden definieren sich primär über die Sprache. Vortrag, Frage und Antwort, Aufgabenstellung, Korrektur, Disziplinierung… sind Mittel und Medium zugleich. Kritiker sprechen in diesem Zusammenhang nicht selten

von der Inflation der Worte. Sie zwingt Schülerinnen in die Rolle von Rezipienten und macht manchen Lehrer zum Agitator.
Schon der Einsatz pantomimischer Elemente durchbricht diese Wortflut. Schüler lernen somit, dass Ausdrucksfähigkeit auf vielen Kanälen sichtbar werden kann. Erfolgreiche Kolleginnen nutzen pantomimische Elemente in ihrer täglichen Arbeit – eine geheimnisvolle Ankündigung, die Beruhigung der Klasse durch Mimik, gestenreicher Protest usw. machen beliebt oder schrecken ab – bleiben aber lange im Gedächtnis. Lediglich theatralisch soll es nicht werden, wobei damit die Übertreibung der eingesetzten Mittel gemeint ist. Authentizität bleibt für Lehrerinnen die wichtigste Eigenschaft, auch in der Verwandlung beim Angebot pantomimischer Aktionen.
Pantomime bietet aber auch direkte fachliche Möglichkeiten. Die Bearbeitung der Balkonszene aus *Romeo und Julia* als pantomimischen Akt macht deutlich, dass dies keine Reduktion, sondern eine andere Sicht- und Erfahrungsweise ist. Selbiges gilt für die sprach*lose* Kennzeichnung von sozialen, biologischen oder geschichtlich relevanten Vorgängen.

Vorschläge:

Mimische Redewendungen:

Die Klasse wird in Gruppen geteilt. Diese sammeln bildhafte Redewendungen, geflügelte Worte oder Aphorismen. Diese werden als Standbild oder szenisch umgesetzt (Jemanden an der Nase herumführen … Aufs falsche Pferd setzen … Den Letzten beißen die Hunde …).

Klassische Aussprüche:

Ähnliches lässt sich mit den meisten Aussagen der Klassiker aus Kunst, Politik und Geschichte umsetzen.
I have a dream … von Martin Luther King kann pantomimisch sehr unterschiedlich ausgedeutet werden.
Besonders interessant sind auch die späten Auslassungen Erich Honeckers: *„Den Sozialismus in seinem Lauf, hält weder Ochs noch Esel auf."*

Denkmal:

Die Klasse oder eine Teilgruppe erhält den Auftrag, ein berühmtes Denkmal aus Personen nachzubauen. Dies kann nach einer historischen Vorlage, aber auch in eigener Regie erfolgen.

Standbilder bauen:

Standbilder sind eingefrorene Situationen. Die Möglichkeiten ihrer Erstellung sind groß und ihr Einsatz fast unbegrenzt. So können Standbilder gebaut werden, die eine brisante Situation aus der Pause zeigen, die entscheidende Szene einer

Diskussion nachbilden oder einen kennzeichnenden Moment eines Stückes wiedergeben.
Bei der Variante *Trilogie* (Jäckel 1997; 11) werden drei verbundene Begriffe (Sonne-Mond-Sterne; B-M-W, Mann-Frau-Kind, Bundes-Republik-Deutschland) pantomimisch als Standbild dargestellt.
Die *Sozialvariante* (Trautmann 1996) greift Aussagen auf, die mehrdeutig sein können. Eine Schülerin bekommt eine Aussage und stellt sie pantomimisch als Standbild dar. Die Gruppe dechiffriert. Anschließend können mehrere Formen der Aussage gestellt werden. Beispiele für mögliche Formen:

Jetzt haben wir Deutsch …	Nun packt mich die Wut …
Donnerwetter!	Du spinnst wohl?
Mein Vater schimpft mit mir …	Ich lüge jetzt …
Das glaube ich dir nicht …	Sarah zieht weg …
Ich verstehe nicht, was du willst?	Ich bin seeeehr böse …

Diese Version kann auch durch einen Vermittler (Regisseur) vermittelt werden. Dazu wählt sich jede Schülerin einen Partner, beide klären, wer der Regisseur ist. Alle Regisseure erhalten (z. B. schriftlich) einen Auftrag und beginnen wortlos, die Partnerin zu stellen. Diese ist dabei völlig ohne eigenen Willen. Der Regisseur kann Arme, Körper, Kopf und Beine ausrichten sowie die Mimik des Gesichtes (durch Vormachen) bestimmen. Abschließend veranstalten alle Regisseure eine Vernissage (Ausstellungseröffnung) und erklären ihre Werke. Beim nächsten Auftrag wechseln die Partner.

Pantomimische Kette:

Unter dem Stichwort *Gerücht* wurde bereits der Vorschlag zu einer sprachlich begleiteten Kette gemacht. Pantomimische Ketten zeigen in ähnlicher Form den Verlust bzw. den Umbau von Informationen durch auswählende Wiederholung.
Fünf Schüler verlassen den Raum. Die Klasse macht sich eine Handlung bzw. Handlungsfolge aus, die dem ersten Spieler vorgespielt wird. Er muss das Behaltene ebenfalls pantomimisch an die zweite Hereingeholte weitergeben usw. Nach der letzten Darstellung wird allen fünf Spielern die Ausgangsvorlage noch einmal vorgemacht.
Unbedingt sollten danach die von den Schülern angesprochenen Schlüsselinformationen, Gefühle, Ideen oder Hemmungen im Gespräch thematisiert werden. Gerade die unterschiedliche Deutung von nichtsprachlichen Zeichen ist eine ständige Ursache von zwischenmenschlichen Missverständnissen.

Emotionen spielen:

In dieser Übung soll versucht werden, ohne Sprache bestimmte Gefühlslagen zu transportieren. Dazu vereinbart die Klasse zunächst eine Handlung – z. B. Ich sitze ... auf einem Stuhl. Nun werden Karten verteilt, auf denen je eine Emotion geschrieben wurde. Das *Auf-dem-Stuhl-sitzen* geschieht nun müde, aggressiv, lässig, aufgewühlt, traurig, verliebt oder träge.

Als Variationen lassen sich bewegte Vorgänge bzw. Gruppenvollzüge attributiv darstellen.

Auf den Fußboden wird ein großer Kreis gemalt (geklebt, gelegt). Zwei Geraden schneiden den Kreis in vier gleiche Zonen (Viertelzone). Jeder Zone wird eine Emotion zugeordnet (z. B. fröhlich, gleichgültig, wütend, traurig). Ein Vorgang wird gespielt. Die Darsteller betreten dazu zunächst das Kreissegment und zeigen somit, welche Emotion sie in den Verlauf der Szene einbringen wollen. Es empfiehlt sich ein anschließendes Feedback.

Ebenso wichtig wie das Spiel selbst ist die anschließende Deutung in der Gruppe. Damit können Selbstwahrnehmung („Aber ich war doch traurig!") und Fremdbild („Nein, denn deine Mundwinkel waren nach oben gezogen – du wirktest unsicher und ein wenig komisch!") gegeneinander abgewogen werden.

mürrisch	geizig	traurig	hämisch
aggressiv	verliebt	verärgert	verträumt
versunken	fröhlich	lustig	friedfertig
böse	bockig	weinerlich	unsicher
verletzt	gleichgültig	herrisch	demütig

Du hast einen Zettel mit einer Eigenschaft gezogen. Spiele nun einen der Vorgänge ***so*** (und ohne Worte).

- Begrüße jemanden ....
- Sitze .... auf einem Stuhl.
- Sitze .... auf einem Tisch.
- Gehe .... durch den Raum.
- Sieh dir .... ein Schaufenster an.
- Warte .... an einer Haltestelle.
- Tritt .... durch eine Tür in ein Zimmer.
- Laufe .... auf und ab.
- Verschränke .... die Arme vor der Brust.

Szenen:

Die pantomimische Darstellung von ganzen Szenen oder Szenenabschnitten ist nicht der einfache Nachbau. Er verlangt im Gegenteil ein völlig neues Einlassen auf den Stoff. Hat sich die Klasse beispielsweise mit der Vater-Sohn Szene aus *Schillers Räubern* beschäftigt und soll diese nun pantomimisch nachvollziehen, so bemerken wir – und sicher auch Sie – dass alle Vorgänge in ungeheurer Geschwindigkeit abgedreht werden (während dieser Effekt bei der Videoaufnahme derselben pantomimischen Szene wieder verschwindet). Das Gefühl für den Ablauf – das Kommen und Gehen einer Emotion bzw. das Ausspielen dessen, das Zulassen von Stillstand u.v.m. – sind die eigentlichen Erträge dieser Übung.

Große Szenen:

Zum Beginn der Übung kann der Text zu den ersten pantomimischen Versuchen parallel gelesen werden.

- Balkon- oder Festszene, Trauungsszene, Abschiedsszene (Romeo und Julia)
- Osterspaziergang, Gretchenszene, Kerkerszene, Hexenszene (Faust)
- Wachs-Stopp-Szene (Blechtrommel)
- Verwandlungsszene (Herr Puntila und sein Knecht Matti)
- Gerichtsszene (Der zerbrochene Krug)
- Waldszene, Pucks Auftritt, Komödiantenspiel (Sommernachtstraum)

Kleine Szenen (Tagesszenen, Darstellung von Beziehungen):

- Einkaufen im Supermarkt
- Das Packen eines Koffers
- Zwei Personen richten eine Wohnung ein.
- Ein Maler portraitiert das Modell.
- Zwei Schüchterne kommen sich auf der Parkbank näher.

Bilderszenen:

Dabei stellen die Schüler ein Bild, treten aber bald darauf aus dem Bild heraus und stellen pantomimisch *Kommendes* dar (auch unter Einbezug der Sprache machbar oder gekoppelt als Sprechhandlung, Standbild und Pantomime). Auch das *Vorher*, welches zu dem Bild führte, kann dargestellt werden. Das Bild ist dann die Abschlusspointe. Empfohlen werden z. B.

- Michelangelo: Die Berufung des Matthäus
- C.D. Friedrich: Zwei Männer bei der Betrachtung des Mondes
- W. Dyce: Jakob und Rachel
- A. Macke: Russisches Ballett
- B. Riviere: Daniel in der Löwengrube
- R. Magritte: Der bedrohte Mörder
- I. Repin: Unerwartet
- G. Flinck: Isaak segnet Jakob

Nicht hören – nicht sprechen:

Die Klasse teilt sich in zwei gleich große Gruppen. Jeder Schüler hat somit eine „Gegenspielerin". Die Personen aus Gruppe 1 können zwar sprechen, jedoch

nichts hören. Bei Gruppe 2 ist es genau entgegengesetzt. Jeder kann hören, jedoch nicht sprechen.
Jeder Spieler aus Gruppe 2 erklärt seiner Gegenspielerin einen Vorgang sprachlos – durch pantomimische Vorstellung. Zunächst können dies sehr einfache Begebenheiten sein, z. B.

- Ich gehe jetzt zur Schule.
- Gerade mache ich Hausaufgaben.
- Ich putze meine Schuhe.
- Wollen wir beide heute Abend ins Kino gehen?

Da der Gegenspieler reden kann, dechiffriert er die eben gesehene Pantomime auf seine Art. Der Partner aus Gruppe 2 sollte aber nicht mit Sprache verbessern. Er ist stumm. Bei unkorrekter, fehlerhafter oder falsch verstandener sprachlicher Widergabe muss er pantomimisch korrigieren. Mit zunehmender Sicherheit können die Aufgaben komplexer werden – durchaus auch schulfachbezogen.

- Gestern saß ich noch neben Anna, heute wurde ich neben Ulf gesetzt.
- Im nächsten Urlaub fahre ich nicht in die Schweiz, sondern fliege nach Kuba.
- Momentan bin ich knapp bei Kasse, erwarte aber einen Scheck.
- In Geografie behandeln wir gerade Australien, aber über das Barriere-Riff weiß ich nichts.
- Säuren und Basen im richtigen Verhältnis gemischt ergeben das entsprechende Salz.
- Früher war Brasiliens Hauptstadt Rio de Janeiro, heute ist es Brasilia.

Die Aussagen können in Zettelform vorliegen und ausgegeben werden. Die Schüler können die Inhalte selbst zusammenstellen.
Die Gruppe öfter wechseln lassen.
Der Behaltenshorizont körperlich dargestellter schulischer Inhalte ist signifikant höher, als das lediglich sinnlich aufgenommene Spektrum (vgl. hier Vester 1997).

Plots

sind selbst geschriebene (erlebte) soziale Situationen und Verläufe, die mittels Rollenkarten gespielt, verändert und/oder einer Lösung zugeführt werden. Sie haben für die Bewältigung persönlicher Konflikte und zur Verbesserung des sozialen Klimas einer Klasse/von Gruppen untereinander eminente Bedeutung.

Didaktischer Kommentar:

Schule – das wurde hier bereits mehrfach angemerkt – tut sich mit dem Darstellen von Lebenssituationen und -vollzügen im Unterricht oft noch schwer. Das mag daran liegen, dass Unterricht selbst eine synthetische Umgebung mit vielerlei künstlichen Vollzügen ist. Trotz immer währender Forderungen, *das Leben in die Schule* zu bringen (u. a. Otto Scheibner 1930) war ihre merkwürdige Trennung immer offenbar. Noch heute wissen Schüler und Schülerinnen sehr konkret zwischen lebensweltlich relevanten und schulischen Problemstellungen zu unterscheiden (u. a. Grassmann 1995).

Welche Vorteile erbringt nun die Beschäftigung mit lebensweltlichen, aber auch historischen, sozialen sowie politischen Problemen als Plot?

Erstens müssen in sich verwickelte Angelegenheiten wegen ihrer Spielfähigkeit simplifiziert werden. Im Gegensatz zu landläufigen Auffassungen stellt dies keinen Mangel dar, auch wenn diese Meinung von so genannten Fachleuten nicht geteilt werden kann. Dennoch – deren höchst komplizierte Darstellung, die tangentiale Prozesse, Möglichkeiten, Ausführbarkeit und das Wenn & Aber beinhaltet ist weder verständlich, noch interessant. Simplifizierung heißt je eben gerade nicht nur Vereinfachung, sondern Klärung der tragenden Strukturen zu Gunsten der Transparenz des Wesens. Das Wesen erscheint, die Erscheinung wird wesentlich.

Die scheinbaren Nachteile – Lehrerinnen können nur in den seltensten Fällen einen *fertigen* Plot aus der Schublade holen, um ihn anzubieten. Und – der Vollzug der Handlungen, inklusive Spiel und Diskussion *kosten* Zeit. Die Ergebnisse in intellektueller, sozialer und letztlich motivationaler Hinsicht indes sind bemerkenswert. Lehrerinnen erhalten einen Einblick in die altersspezifischen Probleme ihrer Schülerinnen und Schüler. Bei fachspezifischen Themen erhält die Lehrerin pro Durchgang mehrere spielbare Vorschläge, die – leicht variiert – wieder zur Vorlage dienen können. Die Problemannahme in spielerischer Hinsicht bringt dem Publikum sowohl die Handlung (den Gegenstand), wie auch die vielfältigen Sichtweisen und Lösungswege näher.

Man kann die nachhaltigen Wirkungen eines solch komplexen Vorhabens nur skizzieren. Für den einen Jugendlichen ist sie Anlass, sich mit der Materie (ein-

mal, wiederholt, tiefer, universalistisch) zu beschäftigen. Eine andere Schülerin entdeckt in der Fragestellung weitergehende Problemfelder. Eine dritte Gruppe bemerkt ihr Faible zum gemeinsamen Agieren. Letztendlich disputieren alle über das Thema und seine mannigfaltigen Seiten. Allein durch mehrere Handlungsverläufe, die unter sich selbst kombiniert werden können, erweitert sich auch die Antizipationsfähigkeit der Spieler und Zuschauer.
Plots sind keine pädagogische Wunderwaffe und nicht allumfassend einsetzbar. Sie können aber die reformpädagogischen Forderungen nach Kompatibilität von Lebenswelterfahrung und ihrer Deutung durch Schule erfüllen helfen.

Vorschläge:

Die Klasse wird in Kleingruppen zu drei bis fünf Personen geteilt. Jede Gruppe bekommt ein *Thema* und entwickelt daraus einen Vorgang (kurze Szene, Höhepunktdarstellung, Konflikt und Lösung usw.), ohne den Verlauf konkret zu formulieren. Als zweiten Schritt werden dem *Vorgang* verschiedene Verlaufsqualitäten zugeordnet. Die Gruppe entscheidet sich für eine Darstellungsweise. Schließlich stellt die Gruppe den entwickelten Plot dar.
Handlungsversionen und abweichendes Geschehen sollte durch die Zuschauer diskutiert werden.
Der Einsatz einer Videokamera lohnt sich, gerade bei Variationsmöglichkeit 2.

Sucht euch ein Thema und entwickelt dazu eine kurze Szene. Benennt Personen und beschreibt die Vorgeschichte. Brecht *vor* der eigentlichen Situation ab und geht die Handlung in Gedanken durch. Spielt danach die Szene und überlegt euch Veränderungen. Denkt an Schlüsselsituationen, die einen Vorgang „drehen“ und „wenden“ können.

Wir stellen hier beispielhaft einen Plot vor:

Personen: Peer, Leon, Lehrerin, Celine, Lea

Peer: Peer ist ein durchschnittlicher Schüler, er geht in die Klasse 7, über ihn kann nichts Positives und nichts Negatives gesagt werden. Er ist gut in der Klasse angenommen, sein besonderes Lieblingsfach ist Sport. Er findet Celine gut und versucht, an sie heranzukommen.

Leon: Leon sitzt neben Peer, ist ebenfalls ein beliebter Junge, leistungsmäßig etwas besser als Peer. Einen Tick unsportlicher aber sozial eingebunden. Mit Lea, Celines bester Freundin, hat er einen tollen Kontakt.

Situation: Peer und Leon sitzen nebeneinander. Unter der Tischplatte befindet sich die Ablage für die Bücher. Diese werden durch eine Trennwand voneinander abgegrenzt. Die Lage dieser Trennwand symbolisiert oberhalb auch die Mittellinie des Tisches. Es ist dem Sitznachbarn

strengstens verboten, diese Linie zu überqueren. Passiert es doch einmal wird der Übertreter meist mit einem wütenden Protest des Angegriffenen gemahnt, dies nicht zu tun und eine vorgetragene Entschuldigung zu verlangen. „Nicht mal Celine würde ich das durchgehen lassen", sagt Peer. „Bei den Mädchen ist das überhaupt kein Problem", weiß Leon.
Heute legt Peer sein Hausaufgabenheft in die Mitte des Tisches, da er Platz braucht, um seinen Buchständer aufzustellen und sein Mäppchen auszubreiten. Leon sieht diesem Treiben zu, murmelt dann ein: „Oh, Mann, Peer, was soll denn das?" Er schiebt mit dem rechten Arm das Heft auf die andere Seite des Tisches. Dabei fällt es herunter. Peer reagiert sofort und zischt: „Toll, Leon, lass das. Ich wollte nur mein Heft hinlegen, weil ich meinen ..." Leon fällt ihm flüsternd ins Wort: „Das machst du immer, immer benutzt du meine Seite gleich mit." Peer hebt sein Heft auf und legt es wieder in die Mitte des Tisches. „Ich will nur eben mein Buch rausholen ..." Leon nimmt daraufhin das Heft und wirft es auf den Boden. Daraufhin steht Peer auf und schubst Leon vom Stuhl. Lea und Celine, die hinter den beiden Jungen sitzen, fangen an zu kichern ...

Möglichkeiten der Handlung:

1. Die Lehrerin übersieht das ganze Geschehen ...
2. Peer und Leon lösen das Problem zu zweit ...
3. Peer und Leon suchen sich je einen Schüler oder eine Schülerin als Vertreter ...
4. Die Jungen verabreden sich für die nächste Hofpause, um die Sache zu klären ...
5. Die Lehrerin, Frau Rauch, klärt den Fall allein ...
6. Die Lehrerin klärt diesen Fall mit den Jungen und mit der Klasse ...
7. Es gibt einen anderen Verlauf ...

Als Anschlussaufgabe wäre denkbar:

Überlegt euch den weiteren Verlauf der Handlung. Schreibt ihn auf (gestaltet ein Drehbuch) und spielt ihn anschließend vor.

Themenbereiche:

- Unterrichts- oder Kommunikationsprobleme in der Gruppe/Klasse/Schule
- Aktuelle Schwierigkeiten zwischen Schülern und Eltern, die einer Bearbeitung bedürfen
- Schlüsselsituationen der Geschichte (Fall der Mauer, Abwurf der Atombombe, Waterloo etc.)
- Verantwortung der Wissenschaft gegenüber dem Leben (Biotechnologie, Atomkraft, fossile Energien, nachhaltiger Umweltschutz)
- Medien und Medieneinsatz (Berichterstattung versus Menschenwürde)

Variationen:

- Nachdem Szene und Verlauf zusammengestellt sind, werden die Vorlagen einer anderen Gruppe zur Umsetzung gegeben. Diese Form stellt oft eine Optimierung dar, da die *Spielgruppe* ihre eigenen Deutungen einbringt und die ursprünglichen Absichten noch einmal hinterfragt werden.
- Ein Plot wird an mehrere Gruppen ausgegeben und einzeln umgesetzt. Höchst erstaunlich ist die unterschiedliche Deutung des Stoffes.
- Das Thema kann fachübergreifend (Schwerpunkt: *Zusammenleben der Menschen in Städten*), aber auch fachbezogen sein (in englischer Sprache, Sozialkundeklausur, historischer Plot).
- Lehrerinnen können derartige Plots zu spielerischer Problemberatung nutzen, in Fortbildungen, Dienstberatungen oder der Fachgruppe. Wir nutzen die Methode für die Falldiskussion im Lehramtsstudium. Es folgt ein derartiger Plot für Lehrerinnen, der aber – um einige Handlungsstränge vermindert – auch zur Verdeutlichung einer Klassensituation taugt.

Ein weiteres Beispiel:

Personen: Lehrerin, Direktorin, Frau K. (Mutter von Jessica), der Lebenspartner von Jessicas Mutter

Vorgang: Jessica ist als einziges Kind ihrer ehemaligen Grundschulklasse auf das Gymnasium gekommen. Schnell stellt sich heraus, dass sie versucht, eine Sonderstellung in der Gruppe der Mädchen zu erreichen. Da die Klasse sich noch finden muss, besteht unter den Kindern ein großes Bedürfnis, sich zu helfen und auch Hilfe anzunehmen.
Jessica jedoch nutzt diese Situation für sich aus. Geben die Kinder etwas für die Klasse aus, nimmt das Mädchen alles gerne an. Sie ist jedoch nicht bereit, auch eigene Opfer zu bringen bzw. ihre Hilfe anzubieten.
Die ersten Mitschüler wollen daher bereits nicht mehr mit Jessica in der Gruppe arbeiten und ziehen sich von ihr in den Pausen zurück. Auch die anderen Kollegen haben bereits diese Beobachtungen in ihren Fächern gemacht. Nur Jessica scheint von der sich formierenden Opposition nichts zu spüren und nutzt die Klasse weiter aus.
Die Klassenlehrerin will heute mit Frau K. sprechen. Die Direktorin soll *zur Sicherheit* bei dem Elterngespräch anwesend sein. Frau K. wird ihren derzeitigen Partner mitbringen, von dem bekannt ist, dass er ein sehr gebrochenes Verhältnis zum Berufsstand *Lehrer/in* hat und rasch laut und unbeherrscht reagiert.

Rahmenbedingungen:

1. Das Gespräch findet statt:
   - im Lehrerzimmer
   - im Direktorenzimmer

- im Klassenzimmer
- in der Schulbibliothek
- ....

2. Die Beteiligten sitzen:
   - an einem runden Tisch
   - vor und hinter dem Lehrertisch
   - vor und hinter dem Konferenztisch
   - im Stuhlkreis ohne Tisch
   - zwanglos gruppiert
   - ....

3. Das Gespräch beginnt:
   - mit einem Monolog der Lehrerin
   - mit einem Problemaufriss
   - mit einem allgemeinen Gespräch
   - mit einer Analyse von Jessicas Leistungsvermögen
   - mit einem Appell an Fairness
   - ....

4. Das Gespräch verläuft:
   - konstruktiv
   - destruktiv
   - in Richtung einer Auseinandersetzung
   - in gegenseitiger Wertschätzung
   - hin zu einem Wutausbruch
   - im Sande
   - unter Einhaltung klarer Regeln
   - ....

5. Das Gespräch endet:
   - mit einer Einigung
   - mit einem Eklat
   - im Schweigen
   - wie das Hornberger Schießen (ohne zählbares Ergebnis)
   - mit verhärteten Fronten
   - mit einer Abmachung
   - mit der Einsicht auf Änderung
   - ....

Psychiatrie

ist ein Kooperationsspiel, bei dem durch Wechsel von Führung Informationen getauscht, Schlüsselinformationen erhalten und ein Problem gelöst werden können.

Didaktischer Kommentar:

Lehrerinnen, denen der Name des Spiels missfällt, sollten auch hier keine Scheu haben, es umzubenennen. Die Spielidee und der Lernertrag überzeugen allein. Selbst schul- und spielkritischen Eltern leuchtet der *Lernwert* des Vorganges ein. Was geschieht? Das Prinzip Meisterin-Novize wird in *Psychiatrie* zum Assoziationenlernen genutzt. Außer dem eigenen Begriff kann jeder Spieler bei allem *mitreden.* Dabei ergeben sich erstaunliche Nebeneffekte. Meist tauschen die Spieler eine Information gegen eine andere. Wer daher kaum etwas sagen kann, wird auch wenige verwertbare Informationen zu sich selbst erhalten. Andererseits kooperiert die Gruppe so, dass immer noch Aussagen für jeden *abfallen*, d. h. keiner isoliert bleibt. Es kommt en passant auch zu einer Vervollkommnung der Fragetechnik – zumindest bei wiederholtem Einsatz. Fragen, wie „Wer bin ich?" fruchten zunächst nicht. Langsam gewinnt die Richtung der Frage an Kontur: „Lebe ich noch oder bin ich tot"? Unabhängig von der Komik alternieren die Erkundigungen, in Nachfragen wird oft präzisiert.

Die eingehenden Informationen, bemühte, listig abgegebene, indirekte, reale, fiktive und u. U. fehlerhafte, werden abgespeichert und auf den eigenen Wissenshorizont hin abgeglichen. Irgendwann kommt die Schlüsselinformation. Es sind jene Botschaften, die sich direkt in die kognitive Struktur einbauen lassen – *der Groschen fällt.*

Da Schule es mit Heranwachsenden zu tun hat, die höchst individuelle Erfahrungsmuster aufgebaut haben, kann sie diesen oft nicht entsprechen. Der Informationsfluss beschränkt sich auf die üblichen Modelle. Psychiatrie lässt trotz des skurrilen Titels alle Informationen zu und die Schülerinnen somit auswählen. Dies entspricht ziemlich genau den Erkenntnissen der modernen Lerntheorien (vgl. u. a. Mielke 2001) und sollte daher uneingeschränkteren Einzug in die Schule halten.

Vorschläge:

Die Gruppe steht im Kreis beieinander. Jeder bekommt eine Karteikarte, an der ein Streifen Klebeband befestigt ist. Diese Karteikarte wird mit Hilfe eines anderen auf dem Rücken befestigt.

Entsprechend einem Thema (Komponisten des 20. Jahrhunderts) schreibt jeder einer anderen einen (dieser) Namen auf die Karteikarte. Der Effekt ist eine partielle Amnesie (teilweise Gedankenauslöschung), wie er in manchem Fall psychischer Auffälligkeit vorkommt: „Ich weiß zwar, wer alle sind. Aber ich weiß nicht, wer ich bin.“ (z. B. *Kurt Weill*)
Alle *Patienten* haben nun die Aufgabe, sich frei in der Gruppe zu bewegen, Fragen zu stellen und sich selbst damit zu *erkennen* – herauszufinden, wen sie darstellen. Dabei sollen die jeweiligen Schlüsselinformationen – jene Mitteilungen, die zur Erkenntnis führen – gemerkt und später allen mitgeteilt werden.
So können für Kurt Weill folgende Informationen eingehen:

- *„Du hast mit so einem zigarrerauchenden Augsburger gearbeitet.“*
- *„Bei mir fällt kein Groschen, sondern drei …“*
- *„Du bist in Cis-Schwein geboren“ (Des-sau)*
- *„Jazz, Chanson, Moritaten, Tango alles hast du verwurstet“.*
- *„ Eine Stadt ist bei dir aufgestiegen und gefallen.“*
- *„1950 bist du abgetreten.“*

Die Spielerinnen können angehalten werden, die Informationen sparsam zu streuen. Dies erhöht den Reiz des Spiels.
Darauf achten, dass sich keine Zweierpaare bilden, sondern die Gesellschaft mit wechselnden Partnern kommuniziert. Damit gewährt man die Vielfalt unterschiedlicher Informationen.

Variationen:

- Das Frage- Finde- Erkenne Prinzip lässt sich für jedes Fach und alle Klassenstufen einsetzen. (Stoffgruppen, Wolkenarten, Klimazonen, Strukturen des Staatswesens, unregelmäßige Verben, Dramenfiguren, Jahreszahlen, Formeln …)
- Besonders im fremdsprachlichen Unterricht kann man dieses Spiel als produktive Brechung der oft „künstlichen“ Kommunikation einsetzen.
- Letztendlich kann das Spiel auch unspezifisch als *Who is who* (siehe dort) gespielt werden.

Risiko

ist ein fachlich konstruiertes Ratespiel für Zusammenfassungen bzw. zur allgemeinen Motivation, welches hier als komplexes Wiederholungsinstrument einsetzbar ist.

Didaktischer Kommentar:

Aus den Medien sind sie uns wohl bekannt, die Quizsendungen. Ihre Übertragung auf schulischen Unterricht wird in der Fachwelt wohlwollend bis kritisch gesehen. Wir beschäftigen uns hier nicht mit dem Für und Wider, sondern regen an, die Methoden zu nutzen. Unabhängig von den Einwänden, es würden dabei lediglich isolierte Einzelfakten *abgerufen*, soll es uns um die Gesamtherstellung des Vorgangs gehen.
Während die Herstellung der Vorderseiten ein eher mechanischer Akt ist, impliziert die Rück- bzw. *Frage*seite bereits Diskussionsstoff – was den Inhalt, die Schwierigkeit, die eindeutige Antwort und letztlich die Formulierung betrifft. In der Kleingruppe führt dies zu mehreren gewünschten Effekten – vom Austausch der Inhalte bis zur Prüfung der Form.
Was geschieht in sozialer Hinsicht? Zunächst eine Klärung der spezifischen Verantwortlichkeiten samt Nutzung des Auseinandersetzungspotenzials. Wer weiß was und – reicht dies aus, um die anderen Gruppen zu beeindrucken? Schnell werden die Beteiligten erkennen, dass der einfache Nachvollzug von *Gelerntem* nicht ausreicht, um der Aufgabe gerecht zu werden. Hier befindet sich eine interessante Schnittstelle zwischen Schule und Leben. Die Erkenntnis nur marginalen Nutzen aus vielen Unterrichtsinhalten ziehen zu können, muss mit den Potenzen, sie selbständig auszubauen korrelieren *lernen*.
Im Gesamtprozess bildet sich daher die Erschaffung, Nutzung und gegebenenfalls eine Optimierung ab. Dabei kommt es zu interessanten Rollenzuweisungen. Denn nicht die (in der Schule) Beste wird zwangsläufig eine ansprechende Frage kreieren. Eher zurückhaltende Schüler engagieren sich stark in derartig informellen Situationen, Neigungen verfestigen sich zu Interessen usw.
Zudem kann vernetzt gearbeitet werden. Indem eine solche Veranstaltung aufgezeichnet und mit kommerziellen Formen verglichen wird, ist Medienerziehung nicht ein zusätzlicher, sondern inhärenter Bestandteil des Lernens aller.

Vorschläge:

Die Klasse überlegt sich 6 Themenbereiche eines vereinbarten Faches. Anschließend werden pro Themenbereich fünf Karteikarten (10–50 Punkte) mit entsprechenden Fragen gefüllt. Bei Bedarf können Antwortkarten angefertigt werden. Mit Magneten werden die Karten an die Tafel gehängt – die Punkteanzahl nach vorn.
Die Klasse wird dann in 3 Gruppen eingeteilt. Eine Gruppe beginnt und wählt sich Themen- und Punktebereich (Schriftstellerinnen 20… Fabeln 50… Romantik 10). Kann sie die Frage nicht beantworten, geht das Antwortrecht auf die anderen Gruppen über. Jene Mannschaft, welche die Frage richtig beantworten kann, darf das neue Gebiet und die neue Frage bestimmen. Die Gruppe mit den meisten Punkten gewinnt das Spiel.

Variationen:

- Als Projekt gesehen kann *Risiko* selbstverständlich über mehrere Fächer konstruiert werden. Es bildet sich dann eine Parallelform zu *Wer wird Millionär* aus. Gleichzeitig können Lehrerinnen und Lehrer einerseits vernetzte Denkaufgaben entwickeln. Andererseits können sie sehr gut die wirklichen Entwicklungslinien vernetzten Denkens beobachten (z.B. Biologie – Chemie – Geografie – Mathematik – Musik).
- Die Lehrerin kann sich vorbehalten, ein Themengebiet oder bestimmte Fragen selbst zu erstellen. Damit wächst der *Unsicherheitsfaktor*. Gleichzeitig wird das Spiel spannender.
- Ereigniskarten, Jokerfragen oder Aufgaben, bei deren Beantwortung die Punktzahl verdoppelt wird, machen es spannender. Ebenso ist denkbar, dass eine bestimmte Punktzahl eingesetzt werden muss, um einzelne Fragen zu lösen.
- Die Regeln zur Beantwortung können verschärft werden (z.B. hat eine Person nur Rederecht, bestimmte Kandidatinnen werden als Sprecherin ausgewählt etc.). Es sollte aber darauf geachtet werden, möglichst viele Schüler einzubeziehen.
- Die Vorgabe kann der Parallelklasse zu Wettkampfzwecken zur Verfügung gestellt werden oder im Gegenzug deren Material getestet werden.
- Letztendlich stellen Wettkämpfe auf Klassenstufenbasis oder gar ein *Lehrer-Risiko* – dort entwickeln Schüler Bereiche und Fragen für die Mannschaften des Kollegiums – *den* Höhepunkt des Schulfestes dar.

Rollencut

ist ein bewusstes Zerschneiden geschriebener bzw. vorgegebener Handlungsfolgen mit dem Zweck ihrer Kennzeichnung und/oder Fortschreibung (Digitalisierung).

Didaktischer Kommentar:

Liegt Schülern eine Geschichte vor, kann im *als ob- Verfahren* eine Möglichkeit zur Veränderung oder Fortschreibung des Textes erfolgen. Auch Nacherzählung oder der Verzicht auf ein Ende kann didaktisch genutzt werden. Wenn auch verschiedene Lösungen gefunden werden, bleibt doch ein Desiderat bestehen – zu wenig Beachtung finden die in der Handlung steckenden Entscheidungsvarianten. Rollencuts können diesen Mangel zu einem Teil beheben. Durch das spontane (Ab)Schneiden bestimmter Handlungen zugunsten der Entscheidungsfragen werden Schülern die Möglichkeiten, sich zu bedenken und die Lage zu beurteilen klar. Der Handlungsverlauf wird also seziert, um Tatbestände, die vertan bzw. genutzt, nicht erkannt, missdeutet wurden, sichtbar zu machen. Deren Sammlung mit anschließender Digitalisierung macht einerseits die mannigfaltigen Formen unserer alltäglichen bzw. der literarischen Horizonte deutlich, samt ihrer innewohnenden Möglichkeiten, eigene Wege zu beschreiten bzw. in bestimmten Zwängen handeln zu müssen. Und gerade diese Erfahrung ist durch den Einsatz dieses Instrumentes besonders augenfällig, stehen die digitalisierten Möglichkeiten erst einmal zusammengefasst an der Tafel, auf dem Papier oder einer Datei.
Mit diesen Cuts lassen sich mehrere Anschlusshandlungen vollziehen. All die gefundenen Möglichkeiten können imaginär oder in Handlungen nachvollzogen werden – einschließlich weiterer Schnittauswertungen. Deduktiv lassen sich die gefundenen Möglichkeiten auch wieder auf den Ursprung zurückführen – eine reizvolle Methode, bei der man meist nicht dort ankommt, weil das Bewusstsein der Möglichkeiten die Grenzen meist verschiebt. Als dritte Idee sei der Bezug zu Bildkunstwerken genannt, deren (vermeintliche) Botschaft ähnlich produktiv in Einzelaussagen gecuttet werden kann.

Vorschläge:

In Kleingruppen schreiben die Schülerinnen und Schüler je eine Geschichte. Dies kann eine wahre Begebenheit, aber auch ein freier/vorgegebener Genretext sein. Anschließend wird der Inhalt auf Entscheidungsmomente hin geprüft. Dort wird *geschnitten,* d.h. Möglichkeiten des/der Handelnden (neu) zusammengestellt. Es entstehen Strukturen (Entscheidungsfenster), die sowohl den Verlauf, als auch die Möglichkeiten der/des Protagonisten deutlich machen. Am Beispiel eines Textes von Fünftklässlern wird das Prinzip deutlich.

Beteiligte:

Die Lehrerin: Frau Schäfer

Die Schüler: Franka, Robert, Zoran, Maria und Daniela

Personenkarten:

Frau Schäfer Frau Schäfer ist seit 15 Jahren Lehrerin und sie unterrichtet die Klasse 5a. Es ist Freitag. Die Woche war anstrengend. Sie musste die Klassenfahrt vorbereiten und kleine Streitigkeiten in der Klasse lösen.

Franka: Franka ist 11 Jahre alt, Schülerin der 5a, bekommt zu Hause fast jeden Wunsch erfüllt. Sie ist sehr gut gekleidet. Franka hat ein neues Gameboy- Spiel bekommen und in die Schule mitgebracht, obwohl dies verboten ist.

Daniela: Daniela ist Frankas beste Freundin, sie hat genügend Zeit zu spielen. Die Eltern kümmern sich um ihre Tochter. Daniela ist von dem neuen Gameboy- Spiel begeistert, erinnert die Freundin jedoch daran, dass das Mitbringen in die Schule verboten ist.

Maria: Maria ist ebenfalls 11 Jahre alt und bei allen Schülern beliebt. Sie ist klein, fleißig, freundlich, hilfsbereit, manchmal etwas träumerisch und immer gut gelaunt.

Zoran: Er ist ebenfalls 11 Jahre, wohnt in der Nähe der Schule, kommt ursprünglich aus Kroatien, ist von dort in den Kriegswirren mit seinen Eltern geflohen. Er versteht gut Deutsch, ist aber die meiste Zeit sehr still, unauffällig und nur bei manchen Pausenspielen geht er aus sich heraus. Er weiß sehr genau, was richtig und falsch ist und ärgert seine Mitschüler nur dann, wenn er sich sicher ist, dass kein Erwachsener, vor allem kein männlicher Erwachsener, in der Nähe ist.

Robert: Robert, neun Jahre, ist recht gut mit Zoran befreundet. Er ist ebenfalls ein stiller, lieber und zurückhaltender Junge. Er findet es eigentlich nicht gut, wenn Zoran Mitschüler ärgert, tut aber nichts dagegen, da es meist die Mädchen trifft. Er hat einen ausgeprägten Gerechtigkeitssinn.

Situation: Die große Pause ist vorbei, der Unterricht beginnt, Frau Schäfer kommt etwas später, sie trifft an der Klassentür Franka und Daniela, die noch auf der Toilette waren. In der folgenden Pause will Franka Daniela das Spiel zeigen und sagt: „Ich habe den Gameboy extra ganz tief in den Ranzen getan, damit ihn niemand sieht.

Daniela wispert: „Zeig mal!" „Warte ich habe es gleich." Aber das Spiel ist weg. Franka rennt sofort zu Frau Schäfer vor und meldet ihr den Verlust ihres Spiels. Frau Schäfer unterbricht umgehend den Unterricht und fragt die Klasse nach dem Spiel. Die Schüler verneinen alle, manche wissen gar nicht worum es geht. Dann fragt Frau Schäfer, ob in der großen Pause irgendjemand etwas gesehen hat. Maria sagt, dass sie Zoran in der Klasse gesehen hat. Zoran sagt, er hätte sein Trinken vergessen. Robert bemerkt, Maria wäre also auch in der Klasse gewesen. Daraufhin ergibt sich eine Diskussion ...

Die Schüler beschreiben verschiedene Möglichkeiten der Diskussion. Dabei legten sie unterschiedliche Schnitte an.
Rollencuts zeigen die verschiedenen Handlungsmöglichkeiten einer oder mehrerer beteiligter Personen. Dies eröffnet mannigfaltige Variationen.

Variationen:

- Die Schüler widmen sich einer literarischen Schlüsselszene mittels Rollencut.
- Bei der Behandlung eines literarischen Werkes stellen die Schülerinnen mittels Rollencut sowohl eine Anzahl realer, wie fiktive Handlungsstränge dar – mit und ohne Folgen, unter Beachtung oder Außer-Acht-Lassen der zeitlichen Schranken.
- Für einen überschaubaren Handlungsverlauf zeichnen die Gruppen den Faden mittels Entscheidungsfenstern auf. Diese können dann ad libitum erweitert, fortgeführt oder gruppiert werden.
- Aus vorgegebenen Entscheidungsfenstern kann letztlich ein Handlungsstrang (re)konstruiert werden.
- Kleingruppen erhalten eine Geschichte, die an bestimmten Schlüsselszenen *abgeschnitten* wurde. Sie entwickeln daraufhin eigene Vorgänge, die geschrieben, diskutiert und variiert werden können.

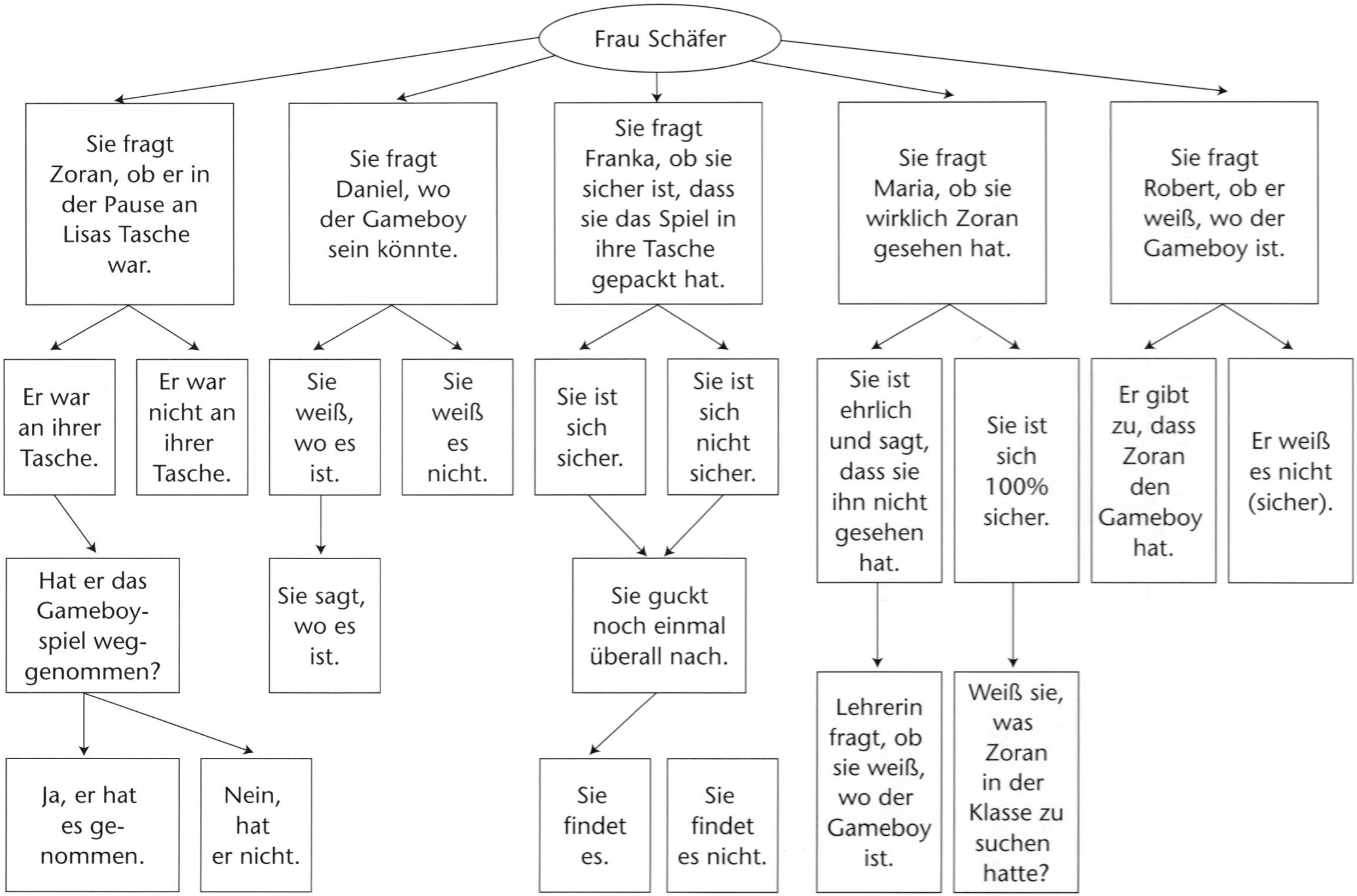
Frau Schäfer
Sie fragt Zoran, ob er in der Pause an Lisas Tasche war.
Er war an ihrer Tasche.
Er war nicht an ihrer Tasche.
Hat er das Gameboy-spiel weg-genommen?
Ja, er hat es ge-nommen.
Nein, hat er nicht.
Sie fragt Daniel, wo der Gameboy sein könnte.
Sie weiß, wo es ist.
Sie weiß es nicht.
Sie sagt, wo es ist.
Sie fragt Franka, ob sie sicher ist, dass sie das Spiel in ihre Tasche gepackt hat.
Sie ist sich sicher.
Sie ist sich nicht sicher.
Sie guckt noch einmal überall nach.
Sie findet es.
Sie findet es nicht.
Sie fragt Maria, ob sie wirklich Zoran gesehen hat.
Sie ist ehrlich und sagt, dass sie ihn nicht gesehen hat.
Sie ist sich 100% sicher.
Lehrerin fragt, ob sie weiß, wo der Gameboy ist.
Weiß sie, was Zoran in der Klasse zu suchen hatte?
Sie fragt Robert, ob er weiß, wo der Gameboy ist.
Er gibt zu, dass Zoran den Gameboy hat.
Er weiß es nicht (sicher).

Satzpuzzle

ist ein didaktisches Sprachspiel, bei dem Aussagen (Lehrsätze, philosophische Sentenzen, finale Urteile) aus willkürlichen Mischformen analysiert und synthetisiert (zusammengesetzt) werden.

Didaktischer Kommentar:

Im Bereich der Sekundarstufe hat sich der Wert der verstehenden Synthese immer mehr minimiert – oft ist er aus dem Bereich des Unterrichts völlig verschwunden. Dabei ist der Wert solch produktiver Schülertätigkeiten, wie *Begriffliches Ordnen, Ausschließen und Zusammenfassen*, bekannt und erwünscht – lediglich die Möglichkeiten, dass Schülerinnen und Schüler dies auch einmal konsequent ausprobieren können, beschränken sich.
Das *Satzpuzzle* ist für diese Zwecke einfach vorzubereiten. In jedem Unterrichtsfach müssen Paradigmen (Lehrsätze) gelernt werden. Wichtige Schlüsselszenen eines Textes sind ebenso Gedankengut, wie die Etappen eiszeitlicher Vorgänge. Bekommen die Heranwachsenden solche *Merksätze* lediglich über das Wort vermittelt, so ist der Behaltenswert selbstverständlich gering. Manche Kollegin lässt eine Übertragung ins Heft vornehmen, was den Behaltensanteil schon erhöht. Weitere Festigungs- und Anwendungsprozesse tun ein Übriges. Dennoch ist die Ernüchterung bei dem nächsten Test meist vorhersehbar.
Bietet die Lehrerin jedoch in größeren Abständen die Möglichkeit an, dass kleine Gruppen aus einem Möglichkeitsspektrum von Textbausteinen sich ihren Aussagesatz zusammenstellt, sind die geistigen Prozesse von (Neu)kombination, Festigung, und Verankerung ungleich größer als in rezeptiv dominierten Unterrichtsabschnitten. Und bei reziprokem Vorgehen – der Produktion von paradigmatischen Puzzles für die anderen Gruppen – lernen alle Beteiligten wesentlich dazu.
In diesen Prozessen geht es meist recht moderat zu. Gruppendynamisch ist diese Methode höchst interessant. In den Kleingruppen bilden sich vielfach drei Fraktionen von *Arbeitern*. Meist auf den Knien (und emsig blätternd) finden wir die *Bienen*. Sie versuchen, durch Versuch und Irrtum, schnelles Handeln und mechanisierte Ordnungsvorgänge Licht ins Dunkel zu bringen. Bienen sind unverzichtbar für jeden Vorgang. Meist hockend oder gebeugt stehend schauen die *Eulen* zu, geben Tipps und unterstützen die *Bienen* beim Ordnen. Gegenüber den *Bienen* haben die *Eulen* einen größeren Gesichtskreis. Ihr Nachteil ist, dass sie nicht sofort handeln können, da sie von der Sache weiter entfernt sind. Wenige Schülerinnen und Schüler haben die Rolle der *Sperber* inne. Meist handelt es sich um solche Heranwachsende, die erst spät ihren angestammten Platz verlassen und zur Gruppe stoßen. Sie scheinen – oberflächlich betrachtet – eher desinteressiert,

beobachten jedoch die Arbeitsvollzüge genau. Sie sind Generalisten, die das Gesamtkunstwerk im Blick behalten. Während sich Bienen überlegen, wo ein Komma hingehört, geben die Sperber meist dem Gesamtsatz die endgültige Struktur. Ihre Hinweise haben meist zentrale Bedeutung für die erfolgreiche Umsetzung der Arbeit. Damit ist angedeutet, dass alle drei Gruppen ihren Eigenwert besitzen. Daher sollten Lehrerinnen in diesen Gruppenprozessen niemals vorschnell eingreifen und Schülerinnen mahnen, doch endlich an die Arbeit zu gehen, sich zu platzieren oder vorgegebene Ordnungshilfen zu leisten. Denn Satzpuzzle ist wie kaum eine andere Gruppenarbeit dazu prädestiniert, den Lehrerinnen und Lehrern wichtige Hinweise zur inneren Struktur der Klasse und zum Arbeitsverhalten einzelner Schüler zu eröffnen.

Tipp:

Lehrerinnen und Lehrer sollten nicht ausschließlich Aussagen aus den benutzten Lehrbüchern für diese Methode wählen. Viele der *Bienen* kennen diese selbstverständlich auswendig und würden in Windeseile die Lösung präsentieren.

Vorschläge:

Die Lehrerin hat wichtige Aussagen zu einer behandelten Stoffeinheit ausgewählt und schreibt diese – *Wort – für – Wort* – auf die entsprechende Anzahl gleich aussehender Karteikarten. Diesen Stapel Karteikarten lässt sie nun eine Kleingruppe ordnen. Für eine wichtige Aussage im Stoffgebiet *Genetik* lägen dann vor den Schülerinnen und Schülern diese Karteikarten

Einheiten	**herum**	**geordnet**	**verpackt**
Fadenmolekül	**sie**	**nennt.**	**man**
DNA	**im**	**, die**	**schwimmt**
Die	**langes**	**und**	**Chromosomen**
portioniert	**hoch**	**, sondern**	**Zellkern**
nicht	**in**	**als**	**ist**

Es ist erkennbar, dass die Ordnung dieser *Aussage* eine ungeheure mechanisch-geistige Arbeit darstellt, die der Mitarbeit aller Beteiligten bedarf. Die Aussage ist natürlich nur einer spiel- und verfahrenssicheren Gruppe anzubieten. Andere sind mit weniger komplizierten Satzkonstruktionen an die Methode heranzuführen. Nach ca. 12 Minuten hatte diese Gruppe die Lösung gelegt:

Die DNA schwimmt nicht als langes Fadenmolekül im Zellkern herum, sondern sie ist portioniert und hoch geordnet in Einheiten verpackt, die man Chromosomen nennt.

In einer ähnlichen Zeit hatten drei andere Teilgruppen dieser Klasse ebenfalls wichtige Aussagen zur Genetik synthetisiert.

Die Anzahl und Form der Chromosomen ist typisch für die Art, der ein Individuum angehört; so hat der Mensch zum Beispiel 46 solcher Chromosomen.

Ein einzelnes Chromosom besteht aus einem DNA-Faden, der, wollte man ihn der Länge nach ausbreiten, ungefähr 5 cm lang ist.

Die DNA ist die Erbsubstanz, einzelne Abschnitte von ihr sind die Erbfaktoren, die man in der Genetik als Gen bezeichnet.

Bei Fünftklässlern oder Gruppen, denen die Methode noch fremd ist, können auch zwei bzw. drei Worte auf einer Karteikarte stehen. Der Schwierigkeitsgrad ist dann entsprechend geringer. Die Arbeit mit Komma und Punkt ist eine Erhöhung der Schwierigkeit.

Variationen:

- Es können einzelne Sätze rekonstruiert werden. Bei zunehmender Beherrschung der Methode können auch ganze Textpassagen als Puzzle gelegt werden.
- Der Einsatz unterschiedlich eingefärbter Karteikarten bzw. die Verwendung von roter, grüner und blauer Schrift kann den Schwierigkeitsgrad vermindern oder erhöhen. Setzt die Lehrerin bei einer Aussage drei Farben ein, kann sie sehr genau den Grad der Syntheseleistung einiger Gruppen beobachten (Ordnen nach Schrift, Zuordnen gleicher Farben etc.).
- Die Schüler erstellen als Zusammenfassung eines Stoffgebietes selbständig Satzpuzzles für die anderen Gruppen der Klasse.
- Von besonderer Schwierigkeit sind selbstverständlich fremdsprachliche Texte. Doch gerade diese reizen eine ganze Reihe von Schülerinnen und Schülern, die sich in weiten Phasen „normalen Unterrichts" eher unterfordert fühlen.
- Als Sonderform kann hier die Kreuzworträtselmethode genannt werden. Dabei wird eine Anzahl von Begriffen in ein Rätselschema eingeordnet und die entsprechenden Fragen dazu notiert.
- Als letzte, aber sehr fantastische Methode soll hier noch das Verfremden genannt werden. Aus einem gegebenen Textpuzzle, was sich die Schüler u. U. selbst herstellen, kann eine in der Bedeutung völlig veränderte Aussage konstruiert werden. Diese ist sowohl als fachlicher Fehlertext, wie auch als Element des Textquirlens (Trautmann 2000; 152) didaktisch von Belang.

Scharaden

sind Worträtsel, bei denen zusammengesetzte Worte zerlegt und die Einzelbegriffe – pantomimisch gespielt – geraten werden müssen.

Didaktischer Kommentar:

Bereits in *Mit Sprache spielen* (Trautmann 2001; 120) haben wir auf die sprachlichen Potenzen der Scharaden hingewiesen. Wenn dies in diesem Buch erneut geschieht, dann nicht als tumbe Wiederholung, sondern unter dem veränderten Aspekt – der spielerischen Kooperation von Menschen untereinander. Damit wird ein wesentlicher Gesichtspunkt der *Lehrkunst* tangiert – das Vermögen der Lehrenden, ihren Schülern die für ihre Entwicklung aktuell wesentlichen Elemente der Totalität einer Sache nahezubringen.
Der soziale Schwerpunkt von Scharaden besteht in ihrer Spielbarkeit. Hier verbinden sich Aufgabe, Sprachentwicklung und Wiedergabefähigkeit sinnfällig. Während Lehrerin X mit ihrer Klasse Scharadenrätsel löst, um an der sprachlichen Entwicklung zu arbeiten, setzt Lehrer Y dieses Instrument ein, um seine Schülerinnen zu ermuntern, ihrem introvertierten Verhalten durch pantomimisches Spiel zu begegnen. Lehrerin Z hingegen schätzt Scharaden, da sich mit deren Einsatz die Häme einzelner Schüler untereinander abgebaut hat. Und Kollege U schließlich will damit Facharbeit leisten – die seiner Klasse auch Freude macht. Kollegin Z schließlich gestaltet damit Vokabelarbeit.
Bei den Scharaden werden zusammengesetzte Worte in einzelne sinnvolle Teilstücke zerlegt. Anschließend werden diese pantomimisch dargestellt. Diese Vorgänge müssen mit den Schülern zunächst bearbeitet werden. Es lohnt sich daher, ein oder zwei Scharaden gemeinsam zu zerlegen, auszuspielen und die vielfältigen Darstellungen zu besprechen. Ist die allgemeine Regel klar, werden sich sehr schnell die unterschiedlichsten Ausdrucks- und Deutungsmuster zeigen.
Wenn Lehrerinnen ungewöhnlichen Formen nachgehen, können auch gemeinsame Scharadenstücke entstehen, die z. B. anderen Gruppen als Vorlage dienen.

Vorschläge:

Jeder Schüler schreibt auf einen Zettel ein zusammengesetztes Substantiv. Grund- und Bestimmungswort werden durch einen Bindestrich getrennt. Alle Zettel werden in die Mitte des Raumes gelegt und gemischt. Nun werden 2–4

Mannschaften gebildet. Der Reihe nach zieht jeder einen Zettel und stellt den Begriff pantomimisch dar. Dabei:
- darf nicht gesprochen werden,
- dürfen keine Materialien benutzt werden,
- kann mit der Hand auf die Teilbegriffe aufmerksam gemacht werden,
- muss schnell geraten werden.

Die Gruppe, welche als erste den Begriff errät, erhält einen Punkt.

Vorschläge für Scharadenbegriffe:

Mathe-klausur	Knochen-mark	Haus-meister	Dino-saurier
Schuh-haus	Haus-schuh	Wasser-glas	Haupt-stadt
Dünn-darm	Stock-holm	Sagen-haft	Mutter-korn

Schwierige Scharadenbegriffe:

Am-boß	Studien-rat	Käfer-larve	Zitronen-falter
Kork-eiche	Air-bag	Ratten-loch	Schwarz-kiefer
Ergo-meter	Tage-bau	Hoch-ofen	Bundes-tag

Tripletts (Drei Sinn-wörter):

Zwölf-finger-darm	Ab-fall-tüte	Mehl-wurm-köder
Bock-bier-anstich	Dampf-lok-tender	Mager-milch-käse
Salz-berg-werk	Mehr-wert-steuer	Rat-haus-saal

Fach-Scharaden (Mathe):

Tang-ente	Koordinaten-system	Gera-den
Kreis-umfang	Flächen-inhalt	Pi-Pi (π π)

Variationen:

- Die Lehrerin kann eine Reihe von Scharadenbegriffen selbst vorgeben.
- Interessant sind fachbezogene Scharaden (Mess-Zylinder, Perioden-system, Natrium-chlorid, Bunsen-brenner...) und deren Darstellung. Der Behaltenskoeffizient ist ausgesprochen hoch (Vester 1997; Johnstone 2000).

- Bauernregelnscharaden, Sprichwörterscharaden/Scharaden *geflügelter Worte* in der Gruppe darstellen (Hier könnten einzelne oder eine Gruppe – nach kurzer Absprache – den entsprechenden Sinngehalt pantomimisch ausspielen).

Weitere Vorschläge:

Sprichwörter als Scharaden inszinieren

- Abendrot – schlecht Wetter droht.
- Was Hänschen nicht lernt, lernt Hans nimmer mehr.
- Jedem Manne recht getan ist eine Kunst, die niemand kann.
- Lehrers Schüler, Pastors Vieh geraten selten oder nie.
- Die Ratten verlassen das sinkende Schiff.
- Kräht der Hahn auf dem Mist, ändert sich das Wetter oder es bleibt, wie es ist.
- Der Starke ist am mächtigsten allein (Schiller).
- Wer den Pfennig nicht ehrt, ist den Taler nicht wert.
- Auf einen groben Klotz gehört ein grober Keil.
- Den Letzten beißen die Hunde.
- Morgenstunde hat Gold im Munde.

Lebende Organe als Scharaden inszenieren:

- Sich die Füße in den Bauch stehen …
- Den Buckel herunterrutschen
- Ich habe mir den Hals verrenkt …
- Mir zittern die Knie …
- Mein Herz blieb mir stehen …
- Die Augen fielen mir aus dem Kopf …
- Die Ohren fielen mir ab …
- Die Zähne klapperten …

Heroische Aussprüche als Scharaden inszinieren:

- „Völker der Welt! Schaut auf diese Stadt!“ (Ernst Reuter)
- „Niemand hat die Absicht, eine Mauer zu errichten“ (W. Ulbricht)
- „… mehr Demokratie wagen“ (W. Brandt)
- „Was erlauben Strunz …?“ (G. Trappatoni)
- „Ich bin ein Berliner“ (J.F. Kennedy)
- „Wer zu spät kommt, den bestraft das Leben“ (M. Gorbatschow)

Sprichwörter spielen

ist eine Form der Theatralisierung, bei der geflügelte Worte durch Bewegung, Sprache und (verfremdende) Darstellung interpretiert werden.

Didaktischer Kommentar:

Mit den gespielten Sprichwörtern ist lediglich eine Möglichkeit angedeutet, welche die Methode der Theatralisierung von Lernprozessen mit sich bringen kann. Die Vorteile überwiegen gegenüber den Nachteilen. So ist die körperliche Darstellung nicht nur komplementär zum Lernen mit allen Sinnen aufzufassen, sie unterstützt das semantische Gedächtnis durch prozedurale und episodische Elemente. Gerade diese Vernetzung aber versetzt das geclustert aufgebaute Ablagesystem des Wissens im Gehirn zu schneller Abrufbarkeit. Denn letztendlich ist es gleich, woran sich die Schülerin primär erinnert – an die Formel, die Buchseite, den Spickzettel oder das Ereignis ihrer Darstellung. Die Kritik, derartigen *Humbug* aufzuführen ist schon deshalb nicht haltbar, da sich die Heranwachsenden ja nicht allein mit dem Procedere aufhalten, sondern davor und danach (meist intensiver, weil motiviert) auf semantischer Ebene weiterarbeiten.

Beim Angebot, sich durch Aufführung z. B. mit Sprichwörtern abzugeben, sollte den Schülern viel Freiheit zur kreativen Umsetzung gelassen werden. Wir machten die Erfahrung, dass die ersten Versuche der Akteure meist lediglich zu einer kurzen Transkription führten. Erst durch Ermunterung und den einen oder anderen Tipp kam es zu Versuchen. Als ein Großteil der Gruppe wusste, worum es geht, explodierte jedoch das kreative Leistungsvermögen. In immer neuen konservativen Unterrichtsthemen entdeckten die Schüler *Spiel*potential und forderten die Probe aufs Exempel. Es bleibt zu erwähnen, dass der Anteil der Festigungseinheiten zugunsten jener Stunden, in denen Anwendung und Übung vorherrschte, deutlich abnahm.

Die Klassen hatten *verstanden*, auch wenn nicht alle komplizierten und somit widersprüchlichen Vorgänge, die komplexe Systeme auszeichnen, im Spiel berücksichtigt wurden. Diese Kritik kann Skeptikern retour zugesandt werden. Denn bei ausschließlicher Nutzung semantischer Zugänge, zudem bei fast durchgängiger rezeptiver Aufnahme wird kaum Verständnis, sondern lediglich akkumulativ *Wissen* aufgetürmt – ohne Chance, es in Lebenssituationen hilfreich abzurufen.

Vorschläge:

Die Klasse arbeitet in Kleingruppen von 3–5 Schülern. Jede Gruppe bekommt als Vorlage ein Sprichwort bzw. ein *geflügeltes Wort (siehe Scharaden)*. Sie haben die Aufgabe, den Inhalt in einer geeigneten Form umzusetzen und der Klasse vorzutragen. Dies kann grafisch, pantomimisch (vgl. Pantomime, Scharaden), als Szene, Rätsel oder in verschiedenen Sujets und Formen (Kriminalstück, Komödie, Oper) oder gar unter Verwendung mehrerer Formen erfolgen.

Beispiele für spielbare Sprichwörter zum Thema *Mensch:*

- Allen Menschen recht getan ist eine Kunst, die niemand kann.
- An seinem Umgang erkennt man den Menschen.
- Der Mensch denkt, Gott lenkt.
- Des Menschen Wille ist sein Himmelreich.
- Ein kranker Mensch, ein halber Mensch.
- So viele Menschen, so viele Köpfe.
- Der Mensch lebt nicht vom Brot allein.
- Wo man singt, das lass dich ruhig nieder. Böse Menschen haben keine Lieder.

Variationen:

- Organe *sprechend* darstellen (siehe wiederum Scharaden).
- Lehrsätze, Ableitungen, Beweise und Formeln darstellen lassen.
- *Maschinen bauen* funktioniert nach dem selben Prinzip, es stellt die Wirkungsweise komplexer Systeme mechanistisch (und damit verständlich) dar – Nahrungsketten, Eutrophierung, Regelkreis, Vegetationszyklen, Photosynthese.

Statuenbau

ist eine Methode, bei der dynamische Problemstellungen sozialen oder fachlichen Inhaltes plastisch gemacht werden können.

Didaktischer Kommentar:

Beim Statuenbau erinnert vieles an die *Standbilder* aus dem Punkt *Pantomime*. Grundsätzlich geht es darum, dynamische Problemstellungen statisch-plastisch *festzuhalten*. Die Möglichkeiten beim Statuenbau sind dafür wesentlich komple-

xer. Die zu den 3-D-Techniken (Will 1997, 34) gehörende Methode bildet sowohl soziale Konstellationen ab, wie sie sich auch zum Verständnis fachlicher Fragestellungen eignet. Lehrerkollegien können sich ihrer bei Phasen der Supervision innerhalb von Teamentwicklungsprozessen bedienen.
Unbestrittener Vorteil des Instrumentes ist seine Plastizität sowie die Möglichkeit, das kreative Potential aller einzubeziehen. Die entwickelten Skulpturen lassen sowohl Strukturen lebendig werden, als auch Lösungsmöglichkeiten vor den Augen erstehen. Dabei geben die Ausschnitte vielfältige, weil eindeutige Informationen.
Das Beispiel im Vorschlag entstand, als sich eine Klasse trotz guter schulischer Leistungen sozial fast zerfleischte. Mit diesem unbefriedigenden Beziehungen der Heranwachsenden untereinander wollte letztendlich keiner leben. Der Prozess der Darstellung von Verwerfungen in der Gruppe war mühselig, zeigte jedoch, dass sich viele Rollenmuster auf Mutmaßungen gründeten und somit behebbar waren.
Skulpturenbau bietet sich u. a. an bei der Darstellung literarischer Schlüsselszenen. Wie stehen die Protagonisten des Lesestücks zueinander – nicht in einzelnen Szenen, sondern prinzipiell – am Beginn, am Höhepunkt und am Ende des Stückes?
Wie verändern die Entscheidungen einzelner das gesamte Beziehungsgefüge? Diese Frage kann auf unterschiedlichen Ebenen dargestellt werden. Sozialkunde kann damit Legislative und Exekutive „stellen", in Religion können Zusammenhänge zwischen den Konfessionen ebenso sichtbar gemacht werden, wie die Entscheidungsnot Moses.
Ziele der Methode sind neben der veränderten Sichtweise die dynamische Statik von Skulpturen, mit der sich zeigen lässt, wie unterschiedliche Erwartungen Ausdruck gewinnen. Werden sie durch die Gruppe formuliert, kommt es zu einer Kommunikation, die klärend wirkt – sozial oder/und fachlich.

Vorschläge:

Das Beispiel eines Statuenbaus tangiert nur einen geringen Teil der Möglichkeiten. Zuerst wird jedem Schüler der Klasse eine Karteikarte gegeben. Er soll darauf notieren, welche Rolle er in der Klasse spielt. Dies kann er mittels eines treffenden Begriffs, aber auch episodisch fixieren. Die Karten werden gesammelt, gemischt und beiseite gelegt.
In einer zweiten Runde bekommt jeder den Namen eines Mitschülers zugelost. Dieser soll mit einer zuvor gesammelten Typkartei abgeglichen werden. (Hinweis: Nicht alle Typen müssen besetzt werden. Es kann mehrere gleiche Typen in der Klasse geben). Anschließend stellte sich die Klasse *so* auf. Dabei widmet sie sich Fragen der Visualisierung, z. B. Steht der *Mittelpunkt* im Mittelpunkt? Ist der Klassenkasper *draußen*? Für wen zieht die graue Eminenz die Fäden? Auf welcher Seite stehen die *stummen Mehrheiten*? Kriechen die *Zuträger*?

Streber	Kriecher	Zuträger	Einzelkämpfer
Star	Mittelpunkt	Schlichter	Klassenkasper
Egoist	Helfer	Kamerad	Graue Eminenz
Bestimmer	Schweiger	Kritiker	stumme Mehrheit
Anschwärzer	Primus	Alpha-Tier	Looser
Mitläufer	Narr	Tyrann	Diener
Sündenbock	Schläger	Langweiler	Rebell
....	....	....	....

Bereits beim ersten Aufstellen kommt es zu einer lebhaften Auseinandersetzung, da die (durch eine Person) getätigte Zuordnung nicht auf die ungeteilte Zustimmung der Gruppe stößt. Somit klärt sich die Rolle jeder einzelnen Skulptur im Vorgang selbst. Ganz nebenbei wird auch die Stellung der Lehrerin in diesem System klar.
Diese (und andere) Konfrontationen werden von Lehrerinnen oft gemieden. Sie hilft aber in schwierigen Gruppenprozessen bei der Klärung von Rollen und letztlich jedem einzelnen Schüler beim Abgleich von Selbst- und Fremdbild. Die Auseinandersetzungen finden freilich prinzipiell statt. In entdidaktisierten Räumen werden sie meist ungleich heftiger und verletzender geführt.
Tipp: Ein strukturiertes Vorgehen ist nötig. Die Leiterin sollte – etwa in kleinem Kreis – den Skulpturenbau schon einmal geprobt haben.

Variationen:

- Trilogien, Quadriga (vgl. *Standbilder bauen*)
- Veränderung der Ebene – Skulpturen lassen sich mit Klötzen, Kegeln oder Spielfiguren stellen. So kann eine anspruchsvolle Leistungskontrolle den Grundkonflikt in Ibsens *Hedda Gabler* mittels Gummibärchen (auf dem Overheadprojektor) zum Thema haben (anschließende Belohnung durch oralen Abgang der Figuren inklusive).
- Die Schülerinnen und Schüler können für (ihre) Familien Typkarteien erstellen, dies aber auch für jedes Theaterstück, jeden Roman oder jede Novelle anfertigen. Ein anschließender Theaterbesuch – vielleicht bei einem Shocking-Regisseur – bringt diese Typenkarteien völlig durcheinander.
- Aus den Standbildern können schließlich slow-motion Bewegungen werden, die eine Fortführung der Situation andeuten können.

Suchen & Finden

ist eine Zuordnungsübung, bei der sich Paare mit gleichen bzw. passenden Lösungsabschnitten zusammenfinden.

Didaktischer Kommentar:

Völlig gleich, aus welcher didaktischen Überlegung sie eingesetzt werden – *Such- & Findespiele* lockern und konzentrieren Unterricht gleichermaßen. Dabei geht es nicht nur um den Eintrag von Bewegungsabläufen in die meist sitz-end absolvierten Unterrichtsabschnitte. Durch die Vorbereitung und im Vollzug, der von den Schülerinnen weitgehend autonom verantwortet wird, erhalten Lehrerinnen interessante Einblicke in das Denk- und Formulierungsvermögen.
Der Horizont möglicher Aufgaben kann zunächst begrenzt werden (Thema: Großstädte in den USA). Mit zunehmender Routine wollen die Schülerinnen umfassendere Gegenstände bearbeiten.
Schülerinnen und Schüler können selbst Karteien als Möglichkeit, eigene Festigungsarbeit zu leisten, nutzen. Auch die zyklische Festigung – etwa nach anderen Themen – ist von uns mit interessanten Ergebnissen getestet worden. Lehrerinnen sollten auch die Möglichkeit nicht außer Acht lassen, dass sich an einem Finde- Problem eine Fragestellung für die gesamte Klasse ergibt.
Kritiker, die meinen, hier würden lediglich Einzelfakten abgerufen, verkennen offenbar (erneut) den Einfluss von Körperlichkeit auf die Denkentwicklung. Begriffsbildungsprozesse verlaufen gerade nicht durch einmaliges Angebot und die Empfehlung, „endlich mal was zu lernen“. Erst durch strukturiertes Wiederfinden in anders gearteten Situationen vernetzen sich die gespeicherten Informationen so, dass sie abrufbar sind. Da die Aufgaben bei *Suchen & Finden* von gänzlich verschiedener Beschaffenheit sind, helfen sie bei diesen Prozessen strukturellen Transfers.

Vorschläge:

Vorbereitung:

Jeder Schüler erhält zwei farbige Karteikarten (z. B. weiß und rot). Er formuliert (zu einem vorgegebenen Themenbereich) eine Frage und schreibt diese auf das weiße Blatt. Die exakte Antwort wird auf die rote Karte notiert.

Tipp:

Bei professionellem Umgang mit der Methode kann angeregt werden, die Antwort zu verschlüsseln.

Durchführung:

Die erste Hälfte der Frage- und Antwortkarten wird gemischt. Jeder erhält eine Karte. Auf ein Kommando muss nun jeder seine Partnerin mit der entsprechenden Frage bzw. Antwort finden. Anschließend wird die andere Hälfte der Frage/Antwortkarten in einer zweiten Runde bearbeitet.

Tipp:

Haben sich beide Partner gefunden, muss ihnen eine gewisse Zeit zum Besprechen des Problems gegeben werden (postludische Metakommunikation).

Nachbereitung:

Allgemein interessierende Fragen können im Plenum noch einmal aufgegriffen und geklärt werden.

Tipp:

In solchen *Suche- & Findespielen* zeigen sich der Lehrerin oft die Unterschiede zwischen Alltags- und Schulwissen.

Beispiel 1 (Chemie):

Ich besitze die funktionelle Gruppe -OH.	Ich bin ein Alkanol.
Meine Kette besteht aus 8 Kohlenstoffatomen.	Mein Name beginnt mit Okt...
Ich bin der Stoff Äthin.	Beim Verbrennen ruße ich unverschämt...
Gestatten: Treibgas vom Deo.	Man nennt mich Klimakiller...
Mein alter Name ist *Lauge*.	Ich heiße Base.
Meistens rieche ich gut.	Aus Alkanol und Alkansäure werde ich zu einem *Ester*.
Kleine Insekten haben mich in einer ihrer Drüsen.	Methansäure HCOOH.

Beispiel 2 (Sozialkunde):

Ich bin ein (altes) Bundesland. Aber noch ganz schön jung.	Das Saarland kam erst am 1.1. 1957 zur Bundesrepublik
Mich kann man auf allen Wahlplakaten sehen.	Ich bin ein Direktkandidat.
Wenn jemand geht, komme ich...	Man nennt mich Nachrücker.

Ich rede kaum einmal, nur Im Sommerloch vielleicht...	Hinterbänkler.
Man kann damit einen Kanzler direkt abwählen.	Konstruktives Misstrauensvotum.

Variationen:

- *Finde mich* (Schulfachbezogener Begriff und Synonym)
- *Schließe mich aus* (Antonyme)
- *Verbinde mich* (Zusammengesetzte Substantive mit/ohne Fugen *s*)
- Wiederholung (Alle Fachgebiete werden mit Frage und Antwort angeboten)
- Leistungskontrolle *de luxe* (Die Klassenkameraden bereiten durch ihre Fragen eine Leistungsermittlung vor. Damit diese nicht *bösartig* wird, notieren sie den Erwartungshorizont gleich mit.)

Synchronisation

ist die Überblendung eines Vorganges mit Sprache. Diese kann auf unterschiedliche Art erfolgen (formell, unkorrekt, fremdsprachlich) und damit den Vorgang selbst beeinflussen (klären, vernebeln, dechiffrieren).

Didaktischer Kommentar:

Synchronisation hilft, eine elementare Improvisationsfähigkeit und die schnelle Informationsverarbeitung der Schülerinnen und Schüler zu trainieren. Parallel erfahren sie etwas über die Universalität von Sprache. Beide Zielkonstanten haben ihre Bedeutung in der Schule. Bei der rationellen Erzeugung von Sinnstrukturen kommt es darauf an, die eingehenden Informationen zu sortieren und auf Andockpunkte (eigene Erfahrungen) hin zu überprüfen. Improvisation ist oft dann gefragt, wenn der Neuheitswert einer Situation hoch ist – denken wir an die unangekündigte Leistungsermittlung. Unabhängig davon, wie das Ergebnis ausfällt – das Grundmuster der Improvisation ist immer gleich. Es geht um eine Reduktion auf Bekanntes und der Versuch, das Neue in diese Struktur zu überführen. Schülerinnen und Schülern die elementaren Möglichkeiten von Sprache nahezubringen, hat unter anderem der Band *Spielen mit Sprache* (Trautmann 2000) versucht. Bei Improvisationsübungen wie dieser *Synchronisation* trifft jedoch die Aufgabe eine ganz andere Lebenswelt, die Medien. Während es seit dem Tom

Hanks Film *Forrest Gump* unstrittig ist, dass (wegen der exzellenten Computeranimation) jedes Bild lügen kann, besteht die Gefahr bei gesprochener Sprache bereits länger. Da die Erfahrungswelt der Heranwachsenden noch nicht so differenziert ist – man denke nur an die Realitätsannahme der Daily Soaps –, besteht hier durchaus Korrekturbedarf.
Diesen vermittelt die Übung ganz grundsätzlich, in dem sie ad hoc Handlungen sprachlich universell deuten lässt. Damit wird der Schüler aber nicht nur sensibler in der Beobachtung der Übereinstimmung oder Duplizität von *Bild* und *Ton*, sondern zugleich aufmerksam bei eigener Sprachverwendung. Selbstverständlich kann *Synchronisation* auf alle möglichen Fachbezüge ausgedehnt werden und sogar in der Klassenleiterstunde zum Zuge kommen.

Vorschläge:

Die Gruppe denkt sich eine Szene (Zusammenleben, Film, Theater- oder Lesestück, schulische Umgebung usw.) aus. Jedem Akteur bzw. jeder Spielerin wird eine Person beigegeben, die Synchronsprecher/innen. Erstere spielen die Idee stumm vor. Immer wenn die Akteure ein verabredetes Zeichen machen (Arm heben, Mund bewegen, Stehen bleiben), *„frieren“* die Akteure *ein*. Sie bleiben regungslos in der jeweiligen Pose. Nun legen ihnen die Synchronsprecher Worte in den Mund. Diese können u. U. das weitere Handeln der Figuren im Stück beeinflussen. Nach einer bestimmten Zeit wechseln die Gruppen.

Variationen:

- Die ausgedachte Szene wird gespielt, die Akteure führen ihre Dialoge jedoch in einer fremden Sprache (englisch, Suaheli, schwitzerdütsch usw.). Die Synchronisation erfolgt ebenfalls in die Sprachpausen hinein.
- Bei der *Vor*synchronisation wird zunächst gesprochen, danach erst handeln die Personen.
- Die Sofortsynchronisation ist übungsbedürftig. Dabei gelingt es den Synchronsprechern direkt auf die Handlung zu sprechen.
- Synchronisation lässt sich u. a. anwenden:

– durch Darstellung von Entscheidungssituationen (Religion, Sozialkunde).
– zur Darstellung geschlechtsspezifischer und kultureller Unterschiede.
– bei der Klärung uneindeutiger körpersprachlicher Signale.
– beim Verfremden von Spielszenen (Darstellendes Spiel, Deutsch, Fremdsprachen).
– bei „Übersetzung“ eines fremdsprachlich geführten Experimentes. Dabei steht nicht die Gaudi im Mittelpunkt, sondern die Arbeitsteilung zwischen einem

Schüler, der z.B. das Experiment ausführt und dabei kauderwelscht und seiner Synchronsprecherin, die exakt die Handlung und das Ergebnis des Versuchs beschreibt. Ähnliche Überlegungen können in Richtung Parlamentsdebatten, Interviews, Talkrunden geführt werden.

Szene

ist im eigentlichen Sinne die kleinste Einheit des Dramas, wird in dem von uns beschriebenen Zusammenhang als Vorgang bzw. Handlungsabschnitt gebraucht.

Didaktischer Kommentar:

Der Einbezug der Leserin bzw. des Lesers in die Auswahl bis zur Variierung von Handlungsabschnitten in diesem Buch kann schon daher nicht unbescheiden sein, weil sich Schülerinnen und Schüler tagtäglich genau diesen Vorgängen beschäftigen müssen. Schule ist der Ort, an dem essentielle Lebensfragen gestellt und (hoffentlich) beantwortet werden. Schule wird dann eine Verständigungsbasis für die Annahme, Bewältigung und Reflexion von Daseinsvorgängen bilden, wenn es ihr gelingt, lebensnahe Fragen zu problematisieren und Lösungen anzubieten.
Ob Lehrerinnen die gesamte Palette der Lebens-Szenen nutzen oder lediglich ansatzweise damit arbeiten ist sekundär. Schülerinnen und Schüler werden – mit dieser Methode erst einmal bekannt – das ihre tun, sich selbst derartig in Szene zu setzen.

Vorschläge:

- **Auswahl von Szenen**

Die Entscheidung über darzustellende Abschnitte sollte entweder auf aktuelle Entwürfe oder eine gewisse Stoffkompatibilität zugeschnitten werden. Das simple *Darstellen um der Darstellung willen* ist eine grauenhafte Motivlage. Unterschiedliche Handlungsfolgen können zusammengeschnitten werden. Es entstehen dann interessante Spielfragmente, die neue Fragen und Diskussionen auslösen. Letztendlich kann *Szene* einen unverwechselbaren Beitrag zur Entwicklung von Medienkompetenz leisten. Das Aufnehmen von Szenen aus den täglich konsumierten Seifenopern, ihr Nachspiel und die sich ergebenden Relativierungen trägt

ein wenig zu kritischer Konsumierung von elektronischen Medien bei. Selbstverständlich sollte jedoch bei den ureigenen Problemen der Heranwachsenden begonnen werden.
Einige Ideen, an denen die Schülerinnen arbeiten können:
Auseinandersetzung in der Pause – verbal, aggressiv, deeskalierend usw.
Besprechung zweier pubertierender Jungen über den weiblichen Star der Klasse ...
Hausaufgaben-Abschreiben vor der Schule
Elternversammlung zum Thema „Klassenfahrt"
Gute Zeiten – schlechte Zeiten (GZSZ)
Odysseus Ankunft bei Kirke (Homer)
Fausts Besuch bei der Hexe
Redaktionskonferenz der Schülerzeitung

- **Erarbeitung des Vorgangs:**

Auch Jugendliche sollten nicht unvorbereitet auf eine szenische Darstellung *losgelassen* werden. Auch wenn viele Heranwachsende schon Spielerfahrung haben, sollten zunächst Improvisationsübungen (siehe Improvisation) die Gruppe locker machen. Weiterhin gilt es, szenische Elemente auszuspielen und zu einem Ganzen zu formen. Ein schnelles Durchspielen verwischt die Aussage und wirkt oft bieder. Schülerinnen und Schüler die Kunst der kleinen Gesten, die Kraft der Mimik und die Bindungsfähigkeit von Sprache erkunden zu lassen, bedarf Arbeit, Wiederholung und Gruppendiskussion. Die Ideen und/oder Umsetzungsvorstellungen der Schülerinnen und Schüler selbst sind es meist, die eine Wiederholung und damit der Optimierung von Szenen befördern. Spielerprobte Jugendliche können durchaus auch einmal mit Szenenskizzen allein gelassen werden. Dies ergibt zum Teil außergewöhnliche Umsetzungen. Oft kristallisieren sich auch allgemein anerkannte Regisseure, Inspizienten oder Staraktricen aus der Gruppe heraus.

- **Übung:**

Dieser Teil der Szenenarbeit ist der mit Abstand zeitintensivste, wenn Sie nicht nur ein *Quasistegreifstück* kreieren möchten (Auch dies ist in Ordnung.). Arbeiten alle Gruppen an ein und der selben Szene, ist vor deren Übung eine Zusammenschau ratsam. Die Klasse schaut sich dabei sowohl Tricks und Ideen ab, wie sie auch die gegenseitige Kritik übt.
Bei der Übung von Szenen kommt es darauf an:
- Vorgänge zu begreifen, in Denkmuster der Handelnden hineinzuspüren,
- alle Handlungen zu automatisieren,
- Souveränität in den eigenen Ausdruck zu bringen, ohne zu übertreiben,
- die Pointe (etwa bei Sketchen) der Situation in einen logischen und oder skurrilen Rahmen zu bringen und somit der unbeabsichtigten *Klamotte* vorzubeugen,

- eine solche Dichte der Handlung herzustellen, welche die Ereignisse zwingend macht,
- immer wieder die Nachvollziehbarkeit des Vorgangs zu untersuchen und die vorhandenen Motive auszuspielen.

Arbeiten Sie in mehreren Gruppen, kann – etwa durch periodisches Vorspielen – ein grundsätzlich kritisches Klima geschaffen werden. Es ist darauf zu achten, dass kein Vorschlag unbeachtet bleibt.

Tipp:
Die Diskussion in Stichpunkten mitschreiben, besprechen und anwenden bzw. verwerfen. Um die Schwierigkeiten zu variieren, kann die Satzanzahl bestimmt werden.

- **Aufführung:**

Die Aufführung sollte stets einen herausgehobenen Aspekt der Beschäftigung mit einer Szene oder einem Akt bilden. An basale Motivationen muss gedacht werden (Licht, Publikum, Souffleur, Moderation etc.). Die Szenenarbeit ohne den Höhepunkt der Aufführungsmöglichkeit – und sei es vor der Parallelklasse – wird auf Dauer die Lust und den Arbeitselan der Klasse beschädigen.

- **Variierung:**

Bei Bedarf kann die erarbeitete Szene umgeschrieben, verfremdet oder fortgesponnen werden. Als interessant haben sich erwiesen:
Präludium (Was ist vor dieser Szene abgelaufen?)
Nach-Happy-End-Szene (Was geschieht danach?)
Veränderungen der Zeitleiste (30 Jahre später …)
Durchbrechung der Routine (Etwas *Unerhörtes* taucht plötzlich auf)
Rollen-, Stil-, Zeit- und Charakterwechsel
Szene rückwärts (Kommt man wirklich am Anfang des Vorgangs an?)
Cut (Hier wird die Szene völlig neu zusammengeschnitten. Ergibt sich vielleicht eine neue Logik?)

Tagesschau

ist ein Sprachspiel, bei dem der Zusammenhang zwischen Text, Stimme und Körpersprache deutlich wird.

Didaktischer Kommentar:

Jeden Tag nehmen Heranwachsende die unterschiedlichsten kommunikativen Signale auf. Diese werden entsprechend bisheriger Erfahrungen gedeutet und beantwortet – man reagiert. Dabei kann man *nicht* nicht kommunizieren (Paul Watzlawick).
Zu wenig Beachtung erfahren jedoch jene Signale, die im Gefolge solcher kommunikativen Handlungen ihr Dasein fristen – und mitunter den gesamten Verlauf einer nachfolgenden Interaktion bestimmen. Denn im ersten Augenblick spricht nicht das, was vorderhand durch das Denken bestimmt wird – zunächst redet lediglich der Körper.
In *Tagesschau* kommt ein zweiter Faktor erschwerend hinzu. Die Texte sollten wenig informativ, sondern eher *verzwickt* sein – also zusätzliche Energien beim Präsentieren – Lesen und Vorlesen – binden (Zungenbrecher, Fantasienamen). Damit erhöht sich die Chance der Fehler und es steigt die Unsicherheit. Spielerisch, so wie hier, darf dies zum Thema einer (nicht spielerischen) Diskussion über das Selbst, die Wippe zwischen Sicherheit und Unsicherheit und letztlich die Quasiautonomie von Körpersprache führen.

Beispiel:

Eine Sprecherin lacht sich zunächst über den Text *krank*. Sie wird im weiteren Verlauf nie mehr souverän agieren, sondern nur gekünstelt wirken. Ein anderer, der scheinbar überlegen an das Verlesen geht, stolpert über ein Wort – und gerät aus der Fassung (Doppelsinn des Begriffes *Verlesen*). Eine Dritte meistert das Programm tadellos, legt den Zettel beiseite und ihr entgleiten dann die Gesichtszüge…
Tagesschau kann in spielerprobten Klassen ohne vorherige Sensibilisierung durchgeführt werden. Gruppen, deren soziale Beziehungen Schwankungen unterliegen, bedürfen eines Briefings, *warum etwa*s hier geschieht. Unabhängig vom eigenen Tun können eine ganze Reihe fachlicher und sachlicher Bezüge hergestellt werden. Medienpädagogisch ist interessant, wie sich Original und Video ähneln (oder nicht, weil geschnitten, gekürzt, mit Details gearbeitet wurde). In Sozialkunde lässt sich über Medienwirklichkeit und -präsenz (u. a. von Politik und Politikerinnen) sprechen, die Bezüge zum Deutschunterricht bzw. zum Lernbereich Sprache sind evident.

Vorschläge:

Es wird ein Studio eingerichtet – das Klassenzimmer umgestellt, das Pult drapiert, eine Lampe auf den Sprechertisch gerichtet... Wenn möglich, sollten die Szenen mittels Video aufgenommen werden. Ein Schüler begibt sich an einen Sprechertisch oder -pult. Erst dann erhält er einen Zettel, dessen Text er unverzüglich laut vorlesen muss.

Tipp:

Die Situation kann sehr gut in eine Rahmenhandlung eingebunden werden – z. B. Casting für Nachwuchssprecherinnen, erste Kameraprobe etc.

Tipp:

Lassen sie das Video voll durchlaufen. Nicht die Bearbeitung des Textes ist von primärem Interesse, sondern die Sekunden zwischen Empfang und Lesebeginn. Hier senden alle Spieler deutliche Körpersprachsignale, die in anschließenden Gesprächen bearbeitet, und auf *sichere* und *unsichere* Felder übertragen werden können.

Textvorschläge für Tagesschau:

In Saudi Arabiens Hauptstadt Riad trafen sich die Regierungsvertreter mehrerer arabischer Staaten mit den Prinzen Jaber el Schaber ibn Said il Chaid Sabach und Scheich Saif ibn Feisal ibn Ben Ali Jasser.

David Mc Cinley und der Führer des irischen Unterhauses Trevor O'Tresor haben im schottischen Dorf Yxklyhorgdnsgrunylkks mit Benjamin Earl of Sussex, Lord Forthworthly und dem Lord of Prostworth konferiert.

Chinas Fußballer haben nach ihren ersten Erfolgen bei den Asienspielen Torhüter Cheng Den Bol, die Verteidiger Hetsch Ken Ham und Weg Dao Mit und den Torschützenkönig der letzten Saison Drop Kig Rin zu Nationalhelden gekürt.

Eine neue Parteiengründung in Dänemark scheint sich anzudeuten. Der ehemalige Führer der Opposition im dänischen Reichstag Jaspar Olsson Anderson-Jensen ist sich mit Greta Froote-Aalborg einig. Nur der Führer der südschleswiger Dänenvereinigung Frenk Frunkson-Runkssohn muss noch beitreten.

Das vorjährige Hochwasser in den Erzgebirgskreisen schnitt ganze Dörfer ab, so auch Zschaschelwitz, Zschernitzsch, Bad Rülps, Kleinstöbnitz, Mittelstöbnitz und Großstöbnitz sowie große Teile von Zwuschen.

Der neu gewählte Staatschef von Togo Kenneth N'grungutybi machte von der Hauptstad Lome' aus eine Rundreise über Al Dschaghbub, Timimum, Wagadugu, Mbadaka, Bujumbura und Lubumbashi.

Neue mikrobiologische Sensationen bieten die neu entdeckten Insektenarten aus dem tropischen Regenwald des Amazonasgebietes. Im einzelnen handelt es sich um die Schneckenart Xtrophylluftz lutscherii und die Käferart Hopadrilla xlatzscherus. Die Entdeckung der Spitzaugenschlange Popsamuschl gieckserii fand aber nicht statt, da die Forscher einen Schnürsenkel irrtümlich dafür hielten.

Variationen:

- Im Anschluss kann die Variante unter Verzicht auf sinnarme Texte geprobt werden. Allein die Präsentation vorgelesener und (still) gelesener Nachrichten ist von höchst unterschiedlicher Wirkung.
- Wird mit echten Nachrichtentexten gearbeitet, kann die Sprecherin eine „Ente" (Falschmeldung) einschmuggeln, die erkannt werden muss. Diese Form kann auch sehr gut fachbezogen als *Meldungen aus der Wissenschaft* firmieren.
- Letztlich lassen sich Wissenschaftstexte vorlesen und danach das Fachchinesisch so bearbeiten, dass der Inhalt verständlich(er) ist. Eine solche Texttransformation ist für das Verständnis der Codizes (elaboriert, restriktiv usw.) von hoher Bedeutung.

Talkshow

ist als Planspiel in vielen Unterrichtsfächer einsetzbar. Die Schüler werden dabei unvermittelt in Rollen versetzt, die sie eigenverantwortlich auszufüllen haben.

Didaktischer Kommentar:

Jedes Kleinkind kennt Talkshows. Was jedoch geschieht darin? Ein Thema wird unter Nutzung unterschiedlicher Seiten und veränderter Betroffenheiten vor einem Publikum ausgebreitet. Im Gespräch miteinander stellt (sich) jede Seite dar bzw. widmet sich wesentlichen Sachaspekten.

Schule erntet nicht selten Kritik ob ihrer Lebensferne. *Talkshow* ist kein Mittel, das Leben in die Schule zu bringen – zumal in Talkshows oft genug künstliche Welten transportiert werden. Nutzbar sind die Instrumente des Vorgehens, die Strukturen, die den Teilnehmerinnen die Möglichkeit geben, in der Identifikation mit der Rolle Informationen (Wissen, Kenntnisse, Einstellungen) preiszugeben, zu verhandeln und am gemeinsamen Ziel – gründlicher Verständigung, gemeinsamer Positionen, kleinster gemeinsamer Nenner etc. – zu arbeiten.
Dabei handelt es sich um Formen des Planspieles. Nach vorher festgelegten Regeln (Sendezeit, Sendeknigge, Rollen, Moderation, Redezeit etc.) entwickelt jede Person ein individuelles Konzept ihrer Partizipation. Dieses Konzept ist halbstarr – einerseits festgelegt durch den Gegenstand (Thema, Rolle), andererseits frei durch die (sich verändernde) Situation (Angriff, Kooperation, wechselnde Bündnisse etc.). Von den Akteuren wird daher sowohl Flexibilität als auch Beharrungsvermögen wechselseitig eingefordert. Sie können sprachlich ihre Argumente testen oder mit Argumenten *überlaufen.* Letztendlich entscheidet das Publikum über gelungene oder unannehmbare Positionen (durch Beifall, Bewertung oder im angebotenen *Chat*)
Einsetzbar ist *Talkshow* im Unterricht immer dort, wo es mehrere Wahrheiten, ergo Diskussionsbedarf gibt. Auch jüngere Schüler sind nach kurzer Eingewöhnungsphase interessante Talkgäste. Befruchtend für jedes Problem ist, dass die Teilnehmer nicht nur pur schulisch argumentieren, sondern sich hier das empirische Alltagsverständnis mit dem Schulwissen produktiv verbindet. Unsere Themenliste ist lang:

- *Klassische Werke heute lesen – Gähn?*
- *Dadaismus – alles gaga oder was?*
- *Gentechnik – ja bitte?*
- *Wozu Thermodynamik?*
- *Entwicklungshilfe im 21. Jahrhundert – ein Auslaufmodell?*
- *Die frühbürgerliche Revolution im Spiegel der Literatur*
- *Insekten (igitt) schützen?*
- *Das Münchner Abkommen – Mit offenen Augen in den Krieg?*
- *Neuntöner? Zwölftöner? Harmonie in Dissonanzen?*

Nicht alle Gesprächswendungen innerhalb einer *Talkshow* werden Lehrerinnen gefallen. Das Vermögen eigener Zurückhaltung – zu Gunsten einer unabhängigen Diskussion – lässt jedoch nicht nur die Möglichkeit des Überdenkens eigener Standpunkte zu. Mit Sicherheit gewinnt sie noch die Sympathie aller, die sich mit Herzblut in die Thematik hineinbegeben.

Vorschläge:

Wir stellen hier lediglich ein Einstiegsmodell der Methode dar. Es ist grundsätzlich spielbar (weil allgemein bekannt), zeigt die Vorteile auf (Empathie, *neue* Sichten) und lässt wesentlichen Spielraum, auch für unerhörte Begebenheiten (novellis-

tischer Background). Wir empfehlen auch für Schüler/innen der Sekundarstufe II erst einmal *so* einen Stoff. Das Gespräch wird garantiert brisanter, als alle denken. Die Rollenkarten werden verteilt. Entweder wird aus dem Stegreif agiert oder die Schülerinnen und Schüler haben Zeit zur Vorbereitung (u. a. das Wochenende bei Talkshowthemen, zu denen Recherchen notwendig werden.) Publikums- und Diskussionsraum werden getrennt, u. U. beleuchtet usw. Die Studioatmosphäre kann so weit inszeniert werden, dass sogar mit Drehbuch, Maske und *Anheizer* gearbeitet werden kann).
Als Moderatorin (beispielsweise eines Privatsenders) begrüßt eine Schülerin die Anwesenden, stellt das Thema vor und bitten um erste, kurze Statements. Dabei können die Schüler selbst untereinander – oder von der Moderatorin gestützt – thematisch und/oder persönlich (agitatorisch, pointiert, langatmig, monoton, ironisch etc.) argumentieren.

Tipp:

Mögliche sich außerhalb der Rolle zuspitzende Situationen kann die Moderatorin schnell mit *Werbepausen* entkrampfen.

Tipp:

Kamera mitlaufen lassen und mit der Klasse bei Wiedergabe Argumentationsgüte, inhaltliche Richtigkeit und Gruppenverhalten anschauen.

Wie war denn das mit Aschenputtel ? – Eine Talkshow vom 30 Minuten

Rollenkarten

Ein reicher Mann	Aschenputtel
Die Stiefmutter	Stiefmutters erste Tochter
Stiefmutters zweite Tochter	Der König
Das Bäumchen	Der Hofpastor
Die Königin	Der Bodyguard des Prinzen
Der Königssohn	Ein Täubchen
Noch ein Täubchen	Eine Linse
Noch eine Linse	Der Leibwächter des Königs
Die abgehauene Ferse	Der abgehauene Zeh
Das Pantöffelchen	Des Prinzen Pferd

Das Messer, mit dem Zehe und Ferse abgehauen wurde

Das weiße Vögelein, was die Wünsche erfüllt

Des reichen Mannes erste Frau, die schnell starb

Des Königs Leibarzt, der die Damen verband

Aschenputtels alter, grauer Kittel

Variationen:

- Wer Talkshows als für Schule nicht tragbar empfindet, kann dennoch das Instrument nutzen – genannt als Hearing, Expertenrunde, Pro & Contra…
- *Kreuzverhör* ist eine Form der Talkshow, bei der eine Expertin durch mehrere Sachverständige (und im Nachgang durch interessierte Laien) befragt werden kann.

Textmaschine

sind in diesem Zusammenhang spielbare Textsorten, die (sprach)handelnde Personen beinhalten und auf verschiedene Weise gestaltet werden können.

Didaktischer Kommentar:

Der Begriff leitet einerseits die Bindung von Texten an jeweilige Personen her, welche diesen *mechanistisch*-maschinell (immer wieder) transportieren. Jeder Stoff kann danach in unterschiedlicher Weise übertragen – und damit bedeutsam oder belanglos gemacht werden (Johnston 2000). Wir vertiefen diesen Ansatz und betonen, dass sich Lehrerinnen bei der Vermittlung von Wissen oft nur des Wortes bedienen. Diese immer wiederkehrende Signalsorte aber nutzt sich ab – sie wird wirkungsarm. Die Verbindung von Texten mit Personen (über das Vorlesen hinaus) aber kennzeichnet eine neue Behaltensqualität. Die zunehmende Verengung produktiver Schülertätigkeiten zu Ungunsten eher rezeptiver Verrichtungen jedoch verhindert eine multisinnliche Aufnahme von Wissensstoff. Daher kann die Kopplung von Texten an unterschiedliche Gestaltungsmerkmale (Stimme, Bewegung, Mimik…) sowohl (Wieder)Erkennungseffekte auslösen, wie nachhaltig für dessen Abspeicherung wirken.
Fachliche Schwierigkeiten liegen sowohl in der Gestaltungsfähigkeit der Schülerinnen und Schüler wie auch in der Flexibilität von Lehrerinnen. Denn es bedeutet, Texte – die sonst pur benutzt würden – aufzubereiten. Wer dies mehrfach tat, wird eine gewisse Routine darin erwerben. Unser Zielhorizont war vielfach dadurch gekennzeichnet, dass wir den Schülerinnen zunehmend die Verantwortung für die Gestaltung zubilligten. Über erste Unfälle hinaus kam es schnell zu vielversprechenden Ansätzen. Inzwischen haben sich die Klassen so weit emanzipiert, dass sie derartige Aufgaben in didaktisch wenig konturierten Unterrichtsabschnitten selbständig vorbereiten und der Gruppe zur Verfügung stellen.

Es sei zum wiederholten Male auf die frappierenden Wirkungen derartig gestalteter Texte auf Merk- und Reproduktionsvermögen der damit zusammenhängenden *fachlichen* Abschnitte hingewiesen.

Vorschläge:

Geben Sie Schülern einen Text. Bestimmte, immer wiederkehrende Begriffe werden – etwa in einem Index – mit einer Person (Diese spricht dann diesen Begriff allein) oder einem Zusatztext (etwa einer Erläuterung usw.) bzw. beidem versehen.
Der Text wird laut vorgelesen. Bei jedem Begriff unterbricht die Vorleserin, so dass die Substitution durch die *Botschaft* erfolgen kann. Anschließend wird weitergelesen bis zum nächsten Begriff.

Tipp:

Einige Begriffe die ganze Klasse chorisch umsetzen lassen.

Prinzip:

Jeder muss seine Aufgabe bekommen.
Eine unserer Klassen stellte diesen Menschentext für das Thema *Reibung* vor, von dem wir einen Auszug drucken.

Bewegung:	*Hopp, hopp, dalli!*
Reibung:	*Widerstandskraft bei der Lageänderung sich berührender Körper.*
Gegenkraft:	*Gegenkraft, die Kummer schafft.*
Energie:	*Möglichkeit eines Systems, Arbeit zu verrichten.*
Wirkungsgrad:	*Verhältnis von aufgewandter und nutzbarer Energie.*
Maschine:	*Schnauf, schnauf, puff, puff, surr, surr!*
Wärme:	*Summe der Bewegungsenergie in Körpern – puuuuh.*
Schall:	*Die Straßenbahn quietscht in Kurven.*

Es gibt keine Bewegung ohne Reibung und jede Reibung ist Gegenkraft. Sie setzt stets einen mehr oder weniger großen Teil der in eine Maschine gesteckten mechanischen Energie in Wärmeenergie und Schallenergie um. Das heißt: der Wirkungsgrad ist stets unter 1 oder unter 100 %. In Wärmekraftmaschinen geht durch unerwünschte Fortleitung und Abstrahlung von Wärme oft noch viel mehr verloren, was nicht in Bewegung umgesetzt wird. Beispielsweise hatten alte Dampflokomotiven einen thermischen Wirkungsgrad von gerade mal 10 Prozent. Da wird viel Energie nicht genutzt und geht in Schall und Rauch – also Wärme auf. …

Variationen:

- Die Methode lässt sich auch in Fremdsprachen oder mit fremdsprachlichen Teilen kreieren (Europareise, Ciao Bella etc.)
- Selbst fachliche *Texte* lassen sich konturieren. Versuchen sie einmal, die Schrödinger-Gleichung als Energieerhaltungssatz unter den spezifischen Bedingungen einer solchen Mitmachgeschichte (Vorgang) darzustellen.
- Die einfachste Form der Textmaschine ist auch eine der wirkungsvollsten – die Verbindung eines Gesetzes, einer Formel usw. mit einer eingängigen Fallgeschichte. Die Kopplung zwischen Motivation *durch den Fall,* mit (gewünschter) Sachkenntnis, Spannung, informellem Wissen und dem Überträgermedium haben eine größere Chance der Abspeicherung, als das stille Lesen einer öden Formelreihe.

  Zwei Ansätze:

  Blutgruppen: London im 18. Jahrhundert. Nebel, dichter Droschkenverkehr... fast zu gleicher Zeit werden zwei Menschen von Fuhrwerken angefahren. Sie werden ärztlich versorgt, erhalten Blut durch einen Lebendspender... Einer stirbt, einer überlebt...

  Elektrolyse des Wassers: Ein gewisser Dr. Asch aus Oxford machte sich 1795 an einer seltsamen Apparatur zu schaffen. Er füllte ein Glasgefäß mit gewöhnlichem Wasser und steckte an jede Seite eine Platte – die eine war aus Zink, die andere aus Silber. Die Zinkplatte verband er mit dem positiven Pol einer VOLTAischen Säule (Silber) und das Silber verband er mit dem Zink der Stromquelle. Dann...

Tiere schlagen

gehört zu den Konzentrationsspielen, besitzt aber zudem eine eigene Dynamik und viel Bewegung.

Didaktischer Kommentar:

Niemand sollte sich von dem etwas gemeinen Titel abbringen lassen, das Spiel auszuprobieren. u.U. kann auch der Name geändert werden. Zunächst sei die Aktivität empfohlen, weil sie überschüssige Aktivität abzubauen hilft. Der schnelle Wechsel zwischen aktiven und defensiven Parts, rasch wechselnde Gegenpole (Schläger und Geschlagene) sowie höchste Konzentration bis zum entspannenden Schlag sind Argumente für den Einsatz *an sich.*

Bei Betrachtung des sozialen Wertes scheint eher etwas gegen das Spiel zu sprechen – Schlagen, Schlägerin ... das sind alles keine gewünschten Rollenmuster. Und selbst wenn man akzeptiert, dass sie durchaus im Leben der Heranwachsenden zu finden sind – so etwas spielt man doch nicht in der Schule ... Unsere Empfehlung heißt: doch. Denn allein der Titel regt zum Disputieren an und bietet einen Erzählanlass. Das Benutzen einer leichten Zeitungsklatsche – wir benutzen eine in Ziehharmonikafaltung – unterstützt jene, die sich eher gegen körperliche Gewalt aussprechen. Auch bei unkontrolliertem Einsatz kann sie kaum Schaden anrichten. Die Verhandlung schließlich, wohin die Schlägerin zielen soll, ist didaktisch hochsensibel. Die Mehrzahl aller Teilnehmer entscheidet sich regelmäßig dafür, Schläge auf die Knie bzw. die Oberschenkel auszuführen. Warum nicht auf den Kopf, ins Gesicht etc.? Wir Erwachsenen können uns die Frage leicht beantworten, da wir inzwischen verinnerlicht haben, dass jede körperliche Gewalteinwirkung Körper und Seele trifft. Im ostasiatischen Raum ist es tabu, jemanden an den Kopf zu fassen – wichtig für multiethnisch zusammengesetzte Klassen. All diese elementaren Bausteine sozialer Erziehung kann man in diesem – und natürlich in anderen – Spielen wiederfinden und nach Gusto und Notwendigkeit *zur Sprache bringen*. Nicht zuletzt werden recht aggressive Spieler durch die allgemeinen Regeln ausgebremst, wollen sie nicht das gewünschte Spiel *aufs Spiel setzen* (Pufferwirkung).
Wenden wir uns nun den allgemeinen Förderprinzipien zu. Konzentration über einen bestimmten Zeitraum ist in den Vorgängen des Spiels ebenso deutlich auszumachen, wie die Nutzung unterschiedlichster Erfolgsmodelle. Die Beobachtung und Thematisierung solcher Vorgehensweisen durch Lehrerinnen erbringen wertvolle Erkenntnisse über Persönlichkeitsstrukturen. Gerade das Reagieren auf neue Situationen setzt Jungen und Mädchen in ein neues Licht, abseits fester Strukturen des täglichen Unterrichts.
Letztlich braucht das Spiel kaum Vorbereitung und wenig Zeit. Es kann als Motivation ebenso dienen, wie als Abschluss einer schwierigen Unterrichtsphase. Nach Spielausgang sollte man der Klasse jedoch noch einige Minuten Zeit zur postludischen Bearbeitung durch Kommunikation zugestehen (Schwatzen, Mitteilen, Auswerten, Einweihen etc.).

Vorschläge:

Die Gruppe teilt sich in kleinere Abteilungen zu ca. 5–8 Spielern auf. Eine Schülerin erhält eine zusammengefaltete Zeitung (Klatsche). Sie und alle anderen aus der Gruppe geben sich den Namen eines Tieres.

Tipp:

Mehrfach wiederholen lassen (Einprägen).

Tipp:

Auf Arten hinweisen (Kabeljau), um die Besetzung einer ganzen Tierklasse (Fisch) zu vermeiden.
Die Gruppe setzt sich eng in einen Stuhlkreis, die Schlägerin steht in der Mitte. Auf ein Kommando hin, beginnt jemand aus der Gruppe, den Namen eines der Tiere aus der Gruppe zu nennen. Das genannte Tier muss so rasch als möglich wieder ein anderes Tier ansprechen. Denn die Schlägerin klatscht die Person ab, die nicht rasch genug ein anderes Tier nennen kann. Der Abgeschlagene ist der neue Schläger, die Schlägerin (die ebenfalls einen Tiernamen besitzt) geht in die Gruppe.

Tipp:

Den Impuls zum Spiel nicht von der Schlägerin ausgehen lassen. Sie nennt u. U. das Tier und schlägt gleich ab.

Variationen:

- *Tiere schlagen* kann auch in der Großgruppe – also mit der ganzen Klasse – gespielt werden. Es kommt, im Gefolge der fast unübersehbaren Menge an verschiedenen Tieren zu ganz eigenen Strategien der Schläger und der Tiere.
- Wir haben mit gutem Erfolg im Chemieunterricht das *Elemente schlagen* ausprobiert. Die Kleingruppen waren jeweils die Elemente einer Hauptgruppe. Mit weniger als 5 Minuten Spiel hatten alle *schlag*artig die Namen der Halogene, Alkalimetalle etc. intus. Auch als wir die Übung auf die Perioden ausdehnten, kam ein erstaunlicher Behaltenseffekt zutage. Daher – üben sie Reihen oder Folgen, europäische Flüsse oder unregelmäßige Verben mit dieser Methode. Schlagende Erfolge sind ihnen gewiss.

Umsetzen

ist ein Strategiespiel, bei dem kooperativ die Lösung eines Problems gefunden werden muss (Idee nach Wittmann und Müller).

Didaktischer Kommentar:

Die Gruppe der Strategiespiele ist recht einleuchtend in der Schule anzusiedeln. Kaum ein Elternteil und/oder ein Schulfunktionär wird bestreiten, dass dabei direkte Lernvollzüge vonstatten gehen. Daher eignen sich diese Aktivitäten so-

wohl zur Argumentation, dass Spiel in Schule sehr wohl (s)einen Platz finden sollte. Andererseits kann man daran die vielfältigen Erträge solchen Handelns abbilden – etwa in Elternversammlungen oder Fortbildungen.
Neben dem eigentlichen Arbeitsertrag der Gruppe, die Aufgabe *gemeinsam* bewältigt zu haben, ist auf den motivationalen Effekt hinzuweisen. Die Aufgabe gibt verschiedenen Lerntypen Raum – der Vordenkerin ebenso wie dem Versuch-Irrtum-Strategen oder dem Schüler mit ausgeprägt visuell-kinästhetischen Eigenarten. Sozial bedeutsam schließlich ist das Zusammenarbeiten, die fachliche Kommunikation (Absprechen, Verhandeln) und das Zusammenagieren (teils unter Verzicht eigener Wünsche bzw. dem Zurückstellen von Bedürfnissen).
Doch all dies ist sekundär in der Bewertung Außenstehender. Primär wird in der Beurteilung solcher und anderer Strategiespiele ausschließlich auf das *Verrichten von Denkarbeit* rekurriert. Was kniffelig ist, muss gut sein.
In der Tat sind diese und andere Strategiespiele für eine allgemeine Schulung eigenen Vorgehens wichtig. Darüber hinaus vereinen sie wichtige Sacherfahrungen in sich. Schließlich kommen viele der oben angedeuteten Förderungsprämissen samt der Freude am Probehandeln und/oder Nachdenken obenauf.

Vorschläge:

Wählt vier männliche und vier weibliche Schüler als Spielfiguren aus. Setzt diese so auf eine Reihe von 10 Stühlen, dass die beiden äußeren Stühle frei bleiben.

frei – *Junge* – *Junge* – *Junge* – *Junge* – Mädchen – Mädchen – Mädchen – Mädchen – frei

Aufgabe:
Am Ende des Spiels sollen die Spielfiguren jedoch so sitzen:

frei – Junge – Mädchen – Junge – Mädchen – Junge – Mädchen – Junge – Mädchen – frei

Dabei müssen die Schüler folgende Regel beachten: Es dürfen immer nur zwei Figuren gleichzeitig aufstehen, um sich neue Plätze zu suchen.
Wie viele Male müssen Paare aufstehen, bis die gewünschte Anordnung hergestellt ist?

Variationen:

- *Erschwernis:* Es dürfen nur solche Paare aufstehen, die unmittelbar nebeneinander sitzen.

- *Weitere Erschwernis:* Die nebeneinandersitzenden Paare fassen sich an (und dürfen somit auch ihre Lage zueinander nicht ändern).
- Die Klasse teilt sich in mehrere Arbeitsgruppen und erprobt ihr Vorgehen mit kleinen Spielfiguren (Halmafiguren, Damesteine usw.). Danach wird *im Großen* erprobt.
- Ähnliche Logikprobleme können durch die Schülerinnen und Schüler eigenständig gefunden bzw. recherchiert werden.

Verformung

ist ein Wahrnehmungsspiel, bei dem es darauf ankommt, Vorgehensweisen und Arbeitsschritte folgerichtig darzustellen.

Didaktischer Kommentar:

Der für Lehrerinnen gewiss erfreulichste Fakt vorweg – bei diesem Spiel wird es meist sehr ruhig. Die Konzentration der einzelnen Spieler/innen auf die entstehende Sache selbst bindet viele Energien und macht Kommunikation zunächst überflüssig. Diese setzt später ein, beim Bewerten des Gegenstandes oder der Kritik am Herstellungsvollzug.
Schule und schulpsychologischer Dienst (SPD) sind nur zwei Institutionen, die vielen Heranwachsenden einen Verlust von Wahrnehmungsfähigkeit attestieren. Wir teilen viele dieser Diagnosen, weisen jedoch auf die ungeheure Bandbreite hin, in der sich diese vollziehen. *Verformung* kann diese Defizite weder auffangen noch einer Lösung zuführen. Die Übung gestattet es Lehrerinnen jedoch, sich ein Bild zu machen. Und dies ist oft ein erster Schritt, sich des Problems bewusst zu werden. Wir verzichten hier auf eine explizite Analyse möglicher Einflussfaktoren für gestörte Selbst- und Sachwahrnehmung. Deshalb lag es nahe *Verformung* als eine Möglichkeit, elementar dagegen zu arbeiten vorzustellen.
Was geschieht? Zunächst muss der Akteur einen Gegenstand vor Augen haben, den er dann gestisch formend – und zwar folgerichtig – peu a peu präsentiert. Selbst in den einzelnen Abschnitten des Aufbaus empfängt der Akteur Signale aus der Umwelt. Ruhe bedeutet Spannung, sich entwickelndes Gemurmel unter Umständen eine Störung der Nachvollziehbarkeit – Fehler im Plan, Abriss der Spannung, erlöschende Neugier… Darauf muss mit Korrekturen reagiert, oder der Stil durchgehalten werden. Man sieht, dass in diesen recht einfach zu initiierenden Vollzügen eine Menge jener Potenzen steckt, die so oft gefordert, aber scheinbar nur marginal *live* vorhanden sind.

Wir empfehlen im Anschluss dringend eine kurze Feedbackrunde – ein Gespräch, welches die Möglichkeiten der Darstellung, die Spannung oder auch die Fantasien und Träume von heranwachsenden tangieren kann. Wahrscheinlich ergeben sich dabei interessante Anknüpfungspunkte für ein Unterrichtsthema, ein Projekt oder die nächste Klassenleiterstunde.

Vorschläge:

Die Klasse teilt sich in mehrere Kleingruppen. Diese setzen sich kreisförmig zueinander. Jede Kleingruppe arbeitet für sich.
Jede Gruppe erhält einen imaginären Klumpen *Materie* (Lehm, Ton, Plastik, Zuckerwatte … – verformbares Gut eben). Jeder formt hintereinander aus diesem Stück einen Gegenstand. Dieser wird der Gruppe in seiner Funktion gezeigt, eingestampft und dem Nachbarn gegeben.

Tipp:

Die Materie kann auch theatralisch eingeführt werden, aus einem (ebenfalls *imaginären Bottich* geholt, *von den Fingern gestrichen* oder *nachgefüllt* werden.

Tipp:

Die Spieler sollten erkennen oder zumindest erraten, was gebaut wird.
Nach dem Spiel bietet es sich an, über Quasirealität zu sprechen. Das *So-tun-als-ob* hat in diesem Zusammenhang auch die oben bereits erwähnte antizipatische Qualität.

Variationen:

- *Verformung* lässt sich auch mit der gesamten Klasse spielen, dauert dadurch länger und sollte unter ein Rahmenthema gestellt werden.
- Jeder einzelne Spieler der Gruppe übernimmt das fertige Produkt, ohne dass es zuvor zerstört wird und setzt es fort, baut etwas an, verändert, schmückt aus. Anfang- und Endprodukt werden am Schluss verglichen.

Vergessenes Buch

ist ein Sprachspiel, indem es darauf ankommt, mit Einsatz hoher Konzentration den Gang einer Handlung zu verfolgen, den Inhalt von Texten zu memorieren oder einen neuen Sachverhalt zu kreieren.

Didaktischer Kommentar:

Beim Sprachspiel *Geschichten aus der Tüte* (Trautmann 2000; 64) wurde das Prinzip des Weitererzählens in Gruppen angeboten. *Vergessenes Buch* ist die Fortentwicklung auch auf bestehende Texte, ihre Wiederholung, Veränderung und Anreicherung. Es ist hier aufgenommen worden, weil die Spielart ohne eine Gruppe erstens nicht funktioniert und zweitens die Menschen von Inhalt, Form und den Mitspielern selbst beeinflusst werden.

Sprachspiele bedürfen keiner besonderen didaktischen Rechtfertigung, nicht einmal in der gymnasialen Oberstufe. Denn selbst hier bewährt sich das *Vergessene Buch*. Die Nacherzählung von *Miss Sarah Sampson* wird dann zweifellos nicht das längst überholt scheinende Schauspiel (was es auch beileibe nicht ist), sondern zum packenden Drama. Denn berichtenswert ist nur das, was trägt. Damit wird auch eine Forderung improvisatorischer Souveränität deutlich: Schau zurück und versuche nicht, besonders originell zu sein.

Die Einsatzmöglichkeiten sind fast unbegrenzt. Selbst trockene Sachtexte erhalten durch kollektive Erinnerung einen ganz besonderen Charme. Zumal dann, wenn sich eine ganze Klasse intensiv bemüht, Folgerichtigkeit, Struktur und Konklusion zu bewahren. Lehrerinnen haben in diesem Verlauf mindestens vier Aufgaben. Neben der Begleitung des kommunikativen Prozesses selbst folgt sie dem inhaltlichen Geschehen. Darüber hinaus diagnostiziert sie u. a. Sprachverhalten, Eloquenz der Argumente und den Erzählstil. Letztlich kann sie nach Bedarf Impulse setzen, kürzen, erinnern und die Regeln variieren. Man darf daher in Spielprozessen nicht von einer Verringerung, sondern einer Qualitätsänderung der Lehrerinnenrolle ausgehen.

Vorschläge:

Die Klasse sitzt im Kreis. Ein Text soll so erzählt werden, dass:

1. jeder der Reihe nach ein Stück folgerichtig erzählt.
2. jeder mit einer Formel seinen Erzählteil abschließen kann („Nächste Seite")
3. jeder für das Entstehen der Geschichte mitverantwortlich ist. (*Franziska: „Und dass mir keiner irgendeinen Schiet erzählt…"*)

Variationen:

- Rotkäppchen (bzw. ein anderes Märchen, eine Geschichte, Fabel etc. mit überschaubarer Struktur, Dramaturgie, Höhepunkt und endlicher Handlung) ist eine geeignete Form, die Schülerinnen und Schüler mit dem Prinzip vom *Vergessenen Buch* bekannt zu machen. Die Klasse sitzt im Kreis. Die Lehrerin stellt die Aufgabe, das Märchen Rotkäppchen so zu erzählen, dass es nach einer Runde vollständig wiedergegeben ist (Und wenn sie nicht gestorben sind…). Jeder darf so lange berichten, bis er selbst die Formel gebraucht: „Nächste Seite!". Sie beginnt selbst: *„Es war einmal…"*
- Die Klasse ist mit dem Lesen eines Textes (Lesestück, Fachtext, Experimentieranleitung etc.) fertig. Nun wird dieser Text entsprechend der Regel nacherzählt.
- Wenn die Möglichkeit besteht, einige zusätzliche wahrnehmungsfördernde Komponenten zu schaffen, legen sich die Beteiligten sternförmig auf den Boden. Die Köpfe zeigen zur Mitte. Sie können die Augen schließen und/oder mit der Nachbarin „Hände halten" – als taktiles Signal, wann sie an der Reihe sind.

Verkehrsstau (Idee A. Reiners 1997; 155)

ist ein kooperatives Strategiespiel, welches sich sehr gut für Reflexionsübungen, vor Diskussionen oder Aussprachen, eignet.

Didaktischer Kommentar:

Nach dem Spiel sind sich alle einig. Verkehrsstau fördert den Gruppengedanken und es erfordert Kommunikationsbereitschaft. In der Aktion selbst jedoch kann es zu emotional sehr bewegenden Szenen kommen – etwa wenn eine Spielerin *den* ultimativen Vorgehensvorschlag entdeckt hat und in seiner Umsetzung kläglich scheitert. Oder wenn zu viele Häuptlinge bestimmen und nur wenige Indianer zum Agieren vorhanden sind…
Man sieht bereits, dass sich mannigfaltige gruppendynamische und/oder kommunikative Fragestellungen in diesem Spiel zeigen. Die Schwierigkeit für Lehrerinnen ist jedoch, eine für die Klasse hilfreiche Auswahl vorzunehmen. Es bietet sich Inhalts-, Sozial- und Subjektebene an (Reiners 1997a; 50). Veranlasst die Lehrerin eine inhaltliche Diskussion, kommen vor allem die Schwierigkeiten und Hindernisse, die mit der Bewältigung der Aufgabe zusammen hingen, zur Spra-

che. Diese sind meist von den sozial bedingten Widrigkeiten kaum trennbar. Wie gestaltete sich das Verhalten der Gruppenmitglieder untereinander? Wie war die Rollenverteilung und vor allem: Woran erkannte man sie? Bildeten sich in der Gruppe wiederum Grüppchen – mit welcher Funktion (Partizipation oder Staat im Staate?).

Ein weiteres Merkmal von *Schule* fiel uns während der vielen Probierphasen auf. In fast jedem Durchgang von *Verkehrsstau* kommt es irgendwann zu einem toten Punkt, in dem ein Teil der Gruppe nicht mehr *mag* und der andere Teil nicht mehr *kann*. Die meisten Lehrerinnen, die sich auf den Prozess eingelassen hatten, wollten hier eingreifen, abbrechen und schlichtend motivieren. Dieses Bedürfnis (der Lehrerin) nach Ausgleich kennzeichnet Schule als universell harmonisierende Institution. (Unsere Erfahrung: Bitte nicht eingreifen).

Letztendlich richtete sich nämlich das Unbehagen der Gruppe gegen die Lehrerin selbst. Die Gruppen wollten durch dieses *Tal der Tränen* gehen, wollten „sich auseinandersetzend" diesen Tiefpunkt überwinden. Die voreilige Intervention störte diese (durchaus auch lustvoll erlebten) Prozesse der Klärung von Befindlichkeiten.

Dem Bedürfnis zur Nachbesprechung muss immer nachgegeben werden. Erst hier wird die Katalysewirkung des Spiels zur sprachlichen Bewältigung des Problems (und vieler anderer) nämlich evident.

Vorschläge:

Die Aktion eignet sich für Gruppen von 8–12 Schülerinnen und Schülern (Halb- oder Drittelklassen). Auf den Fußboden werden neun Markierungen angebracht (Klebeband, Outdoor z.B. Rasenmarkierungen). Die Gruppe teilt sich. Gruppe A (vier Spieler) und Gruppe B (vier Spielerinnen) stellen sich auf je ein Feld (Blickrichtung zueinander), das mittlere Feld bleibt frei.

Gruppe A

Spieler 1

Spieler 2

Spieler 3

Spieler 4

[ ]

Gruppe B

Spielerin 1

Spielerin 2

Spielerin 3
Spielerin 4

Anschließend agieren sie nach den folgenden Regeln.

Regeln „Verkehrsstau"

1. Eine Person darf in den freien Raum vor ihr rücken.
2. Eine Person darf um eine Person herum auf ein freies Quadrat rücken, wenn die Person vor ihr in entgegengesetzter Richtung steht.
3. Niemand darf rückwärts gehen.
4. Niemand darf um eine Person herumgehen, auf deren Rücken er blickt.
5. Zwei Personen dürfen sich nicht gleichzeitig bewegen.

Stellen die Gruppen fest, dass ein Spielzeug falsch oder regelwidrig ist, beginnen alle wieder in der Ausgangsstellung.
Ziel des Spiels ist es, dass Spieler 1 der Gruppe A die Position der Spielerin 1 der Gruppe B einnimmt (Blickrichtung nach außen) usw.

Variationen:

- Ohne weitere Angebote zu machen, empfehlen wir die sehr attraktive Sammlung motivierender Interaktionsspiele von Annette Reiners (ISBN 3-429221-06-3). In der Fülle findet sich immer eine Aktivität, die sich auf gegenwärtige Klassensituationen beziehen lässt.

Verstärkung

ist eine Übung zur Klärung uneindeutiger körpersprachlicher Signale. Darüber hinaus bietet sie als Improvisation Gelegenheit zur spielerischen Identitätsstärkung.

Didaktischer Kommentar:

Als wir Verstärkungsübungen zum ersten Mal ausprobierten, war es höchst erstaunlich, wie schnell die Schülerinnen und Schüler eine *ihrer* ureigenen Besonderheiten (Kristin: „Fimmel") darstellen konnten. Offenbar sind sie ihnen in großen Teilen bereits geläufig. Die Probleme entstehen meist erst im Umgang mit anderen, unbekannten Personen. Diese deuten unter Umständen bestimmte Eigenarten falsch aus, was zu Spannungen, gegenseitigen Verstimmungen oder gar Aversionen führen kann.
Dabei geht es hier zunächst darum, mit bestimmten Eigenarten umgehen zu lernen, auch um ihrer übersteigerten, zwanghaft verfestigten Ausprägung (Tic) zuvorzukommen. Die Lockerheit, mit der dies geschieht, regt auch an, über Klarheit und Uneindeutigkeit von Körpersprachsignalen ins Gespräch zu kommen. Diese zwangarme Mischung zwischen Darstellung, Nachahmung, Gespräch und Metakommunikation (d. h. der Meinungsaustausch über das Gespräch) kann jenen Heranwachsenden zwischen Kindheit, Pubertät und Adoleszenz ein wenig helfen, selbstsicher und somit selbst sicherer zu werden, Eigenheiten akzeptieren zu lernen und diese als ein Stück Besonderheit anzunehmen.
Aber Verstärkung lässt sich auch problemlos als Improvisation einsetzen – etwa um andere zu karikieren, ohne sie herabzusetzen bzw. zu verletzten. Dabei lassen sich die Instrumente einer bewussten Kopie hervorragender Eigenschaften nicht nur forcieren – die Meisterschaft genauer Beobachtung und Wiedergabe ist die reduzierte Form (siehe *Sensible Verstärkung*).
Bereits erkennbar ist die ungeheure soziale Potenz, die in *Verstärkungsübungen* steckt. Eine besondere Verantwortung hat hier sowohl die Lehrerin, als auch die Gruppe selbst. Denn sie muss sensible Individuen einerseits *tragen* lernen und andererseits *ermutigen*. Keiner darf jemandem zu nahe kommen. Passiert es (und es passiert !!), zeigt sich erst die Reife der Gruppe, zeigen sich jene, die mit sozialer Intelligenz so agieren, dass Vereinbarungen halten, Regeln ausgelegt werden und die Spielfreude gewahrt bleibt.

Vorschläge:

Für jeden wird ein Zettel vorbereitet. Diese Zettel sind nummeriert. Jede Spielerin zieht eine Nummer. Die Gruppe geht locker durch den Raum. Jeder überprüft eine körpersprachliche Besonderheit an sich selbst (Schlurfen, hängende Schultern, Haarstrich etc.) und spielt sie für sich selbst mehrmals durch. Die Lehrerin ruft nun laut eine Nummer. Alle bleiben stehen und schauen auf jene Schülerin, deren Nummer aufgerufen wurde. Diese zeigt allen ihre Besonderheit – und jeder spielt diese *in verstärkter Form* nach. Diese Schülerin beendet selbst den Vorgang, indem sie eine neue Nummer ruft und somit ihren Nachfolger bestimmt.

Variationen:

Sensible Verstärkung:

Hier geht es darum, die u. U. in der Grundform verstärkten Bereiche in der Nachahmung so weit zurückzufahren, dass sie gerade noch erkennbar sind. Als erste Übung ist die sensible Verstärkung jedoch nicht zu empfehlen, da sich die Ausführende in ihren Mitspielern spiegelt und (etwa durch die eindeutige Verstärkung) kaum eine Möglichkeit der humoristischen Deutung hat.

Meine Macke:

Die Gruppe steht im Kreis. Als Vorübung kann die lockere Bewegung samt Entdeckung der individuellen Eigenheit durchgeführt werden. Einer zeigt diese vor. Die Gruppe steigert hintereinander so, dass jeder Spieler jeden weiter verstärkt und letztendlich die umfassende Karikatur (Macke) dargestellt wird.

Verstärkung Unsichtbarer:

Nicht nur Anwesende können so dargestellt bzw. persifliert werden. Die Übung beinhaltet in der selben Art die Darstellung interessanter Zeitgenossen durch ihre ureigene Körpersprache. Der Fantasie sind dabei keine Grenzen gesetzt (Politiker, Künstlerinnen, Lehrer, TV-Stars usw.).
Auch die Rätselform ist möglich. Dazu macht sich die Gruppe eine Person aus, persifliert unter Verstärkungsaspekten und lässt die Gruppe raten.

Clownerie:

Clownerie ist die vollständige Persiflage von körpersprachlichen Signalen unter dem Aspekt, Lachen hervorzubringen. Dazu kann überlegt werden, die Utensilien des Clowns in die Handlung selbst einzubeziehen (gute Ideen in Hoyer 1993).

Versteinern – Erlösen

ist der Name eines kooperativen Bewegungsspiels, bei dem es um soziales Handeln in Ausnahmesituationen oder die Darstellung eines fachspezifischen Problems geht.

Didaktischer Kommentar:

Die Vielfalt individueller Zugriffsmöglichkeiten auf ein Spiel lässt sich am Beispiel *Versteinern - Erlösen* noch einmal eindrücklich schildern. Geht es einer Kollegin *nur* um den Abbau von (Ver)spannungen, wird sie die Aktivität unter dem Bewegungsgesichtspunkt verwenden. Drei oder vier Runden werden gespielt und die meisten Gruppen sind handzahm, weil *fix und fertig*. Das Spiel ist anstrengend und bindet Kräfte.
Eine andere Lehrerin beklagt verschiedene soziale Differenzen in der Klasse. Sie setzt *Versteinern – Erlösen* unter Umständen dafür ein, ihren Heranwachsenden zu zeigen, dass soziale Handlungen (wie etwa die Solidarität zwischen Akteuren und Steinen) einen Eigenwert haben, der – zwar nicht sofort, aber irgendwann – sichtbar wird. Denn keiner ist vor dem Abschlagen gefeit und muss – will er nicht das Spiel sprengen – der Regel nach erstarren. Spielgruppen sind empathischer, als wir glauben. *Wer mir hilft, dem helfe ich…* bzw. *Mir wurde geholfen, dies werde ich weitergeben…* sind nur zwei gültige Prämissen in diesem Interaktionsnetz. Nicht selten wird einem überzeugten Egoisten, der versteinert wurde (und dies über eine Minute blieb) gezeigt, was man von ihm hält. Gerade 13–15-Jährige sind diesbezüglich von schonungsloser Konsequenz.
Im dritten Fall hat sich die Lehrerin langfristig der Theorie des strukturellen Transfer genähert. Sie wurde hier mehrfach angedeutet und besteht im beständigen Anbieten (spielbarer) sozialer Lerngarnituren (Sets). Dabei ist es notwendig, das Angebot so zu gestalten, dass die Formen wechseln müssen, die Struktur sozialer Arrangements aber gleich bleibt. Dauerhafte Lernerträge können neben strukturiertem Handeln, Ambiguitätstoleranz, Empathie wie auch die Fähigkeit hilfreich zu handeln bzw. zu (meta)kommunizieren sein. *Versteinern – Erlösen* ist in diesem Kontext ein Angebot für die Schülerinnen und Schüler:

- ihre bisherigen sozialen Erfahrungen in neuen Situationen anzuwenden bzw. zu erproben (Sozialkompetenz),
- ihr Gruppenhandeln so einzustellen, dass ein höchstmöglicher Erfolg für alle dabei gewährleistet ist (kollektiver Erfolg),
- den eigenen Spannungsbogen wahrzunehmen und unter Umständen die sich entwickelnde Frustrationstoleranz auf die Probe zu stellen (Selbstbeherrschung).

Die Lehrerin wird in diesem Zusammenhang:

- Gruppendynamik und Handlungsvollzüge beobachten und erste bzw. erweiterte Diagnoseelemente bedenken,
- das soziale Handlungsfeld durch Variation und Neuansatz zu erweitern versuchen,
- durch Mitspiel und Nachbesprechung das sich entwickelnde soziale Netzwerk zusätzlich motivieren.

Vorschläge:

Die Klasse steht im Kreis. Alle schließen die Augen. Die Lehrerin umschreitet die Gruppe einmal und berührt 3 bis 4 Schüler am Rücken. Diese dürfen abschlagen. Beim Abschlag erstarrt der jeweilige Spieler zu Stein. Schlagen sich zwei *Abschläger* gegeneinander ab, passiert nichts.
Die anderen Spielerinnen jedoch können die *Steine* ins Leben zurückholen. Dazu ist eine Umarmung des Steins nötig.

Tipp:

Die Lehrerin kann das Grundprinzip auch in eine Geschichte kleiden (Zauberer).

Tipp:

Mehrere Runden spielen. Meist gewinnen in der ersten Runde die *Abschläger* fast mühelos. Unter Umständen muss noch einmal auf die Erlösung hingewiesen werden. Unsere Erfahrungen zeigen, dass bei einem Verhältnis von 1:6 und Erlösungsroutine kein Abschlagteam mehr die Oberhand gewinnt.

Tipp:

Das Spiel wird schnell. Auf Fairness ist zu achten.

Variationen:

- An diesem Spiel lässt sich sehr gut die Verhältnismäßigkeit der unterschiedlichsten Systeme (Ökosystem Hase & Fuchs) zeigen. Dazu startet man mit einem oder zwei *Abschläger(n)*, und erhöht pro Durchgang die Dosis. Irgendwann *kippt* das System um.
- Variiert man die Rituale, kommt es ebenfalls zu einer ganz anderen Verlaufsform. Dazu muss den Erlösern statt einer Umarmung das dreimalige Streichen über den Rücken vorgegeben werden.
- Wenn sich zwei Fänger gegenseitig abschlagen, werden sie ebenfalls versteinert und können nur von einem der anderen *Abschläger* erlöst werden.

Who is who

ist ein Wahrnehmungsspiel, welches unter Reduktion des optischen Sinns die Strategien des (Wieder)erkennens fördert.

Didaktischer Kommentar:

Wahrnehmungsübungen haben kaum eine Lobby in den höheren Bildungsanstalten. Gleichzeitig beklagen Lehrerinnen permanent das höchst unterschiedliche Wahrnehmungs- und Differenzierungsvermögen der Schülerinnen und Schüler. Dieses Dilemma lässt mehrere Schlüsse zu.

- Offenbar wird differenzierte Wahrnehmung sehr schnell als Könnensaspekt vorausgesetzt und nicht mehr trainiert.
- Didaktisch anspruchsvolle Ansätze jedoch gehen grundsätzlich von Lernfeldern kognitiver, sinnlicher und vor allem körperlicher Natur aus, die jedoch in der Schule ungenügend berücksichtigt werden.
- Es kommt ab der Sekundarstufe I zur Entkörperlichung des Lernens.

Who is who stellt keinen universellen Heilungsweg dar. Im Zusammenhang mit vielen weiteren Wahrnehmungsangeboten (gerade im fortgeschrittenen Bereich der Grundschule und in der Sekundarstufe I) aber hilft es, eine sekundäre Sensitivität zu erlangen. Diese Prozesse der Wiederbelebung von Sinnen sind oft mühsam. Beginnend mit der Unfähigkeit empfindsam zu tasten wird stattdessen grob angepackt. Erst Intervention oder der Zusammenbruch des Spieles selbst vermag dies zu beheben. Viele Lehrerinnen verzichten unter diesen Vorzeichen auf eine Wiederholung. Doch gerade zu diesem Wagnis wollen wir ermutigen.
Denn langsam und in kleinen Schritten erkennen selbst ältere Schülerinnen und Schüler ihre taktilen Fähigkeiten und werden (wieder) sensibel für die kleinen Gesten, das vorsichtige Fühlen, die sanfte Berührung. Im Zusammenhang mit anderen, ähnlichen Übungen und Angeboten verhindert sich unmerklich das vorwiegend grobe Einwirken auf den sozialen Nahraum. Da diese Prozesse mit hohen Rückfallquoten behaftet sind, ist eine schnelle Verhaltensänderung nicht wahrscheinlich. Aber da die ganze Gruppe diese Erfahrungen machen kann, werden Selbststeuerungseffekte frei. Diese wirken oft stringenter, als der Einfluss von Lehrerinnen.
Der Lerneffekt der gesamten Klasse durch Beobachtung ist in diesem Spiel von nicht zu unterschätzender Bedeutung. Die Vorgehensweise selbst, die Konzentration auf den gegebenen Sinn, die Erkenntnis ob der Ermittlung einer Schlüsselin-

formation... all dies wir in die Erfahrungsnetze der Jungen und Mädchen eingebaut bzw. als nicht gangbar ausgesondert. Mit großer Sicherheit kommt es zu eigenem Probehandeln (auch wenn dies wahrscheinlich nicht in der Schule selbst stattfindet).

Who is who ist letztlich auch ein Indikator für (gelungene) Momente der Geschlechtererziehung. In der Form der Ganzkörperuntersuchung durch Tasten kann es zu unerwünschten Berührungen kommen (siehe Variation 1). Dabei klärt es sich rasch Absicht oder Versehen. Jede Person setzt ihr eigenes Instrumentarium des Selbstschutzes ein, ohne das die Gefahr der Eskalation besteht. Diese Erprobung *des Stopps* unterhalb der Ernstfallschwelle und im spielerischen Zusammenhang klärt innere Positionen und Gruppenbezüge gleichermaßen.

Vorschläge:

Einem Mitglied der Klasse werden die Augen verbunden. Er wird aufgefordert, Gegenstände, die auf einem Tisch bereit liegen, zu ertasten (Modelle aus Unterrichtsfächern). Auch einzelne Personen aus einer Gruppe (3–5 Spielerinnen) können identifiziert werden. Eventuell können die Personen kostümiert sein oder bestimmte Gegenstände halten. In einer weiteren Steigerung können der tastenden Person lediglich Körperteile angeboten werden, die zur Identifikation führen (oder nicht). Es eignen sich Hände, Arme, Füße, Unterschenkel, mitunter genügen sogar Finger.

Tipp:

Tastende sollten nie im Raum allein gelassen werden. Dies bezieht sich nicht nur auf die Unfallgefahr, sondern auch auf die Notwendigkeit der Gewähr innerer Sicherheit. Wir entscheiden uns meist für das Prinzip permanenten Körperkontaktes am Beginn und gegen Ende der Aktion.

Tipp:

Der Tastenden sind die Gebotszonen immer anzukündigen. u. U. muss die Spielleiterin *Stopps* setzen.

Variationen:

- Das Prinzip der *indirekten Berührung* ist für Gruppen geeignet, die sich per se nicht gegenseitig berühren lassen wollen bzw. können. Als verlängerte *Hände* dienen dabei zwei Kochlöffel (aus Holz oder Plastik), die vorsichtig zum Tasten benutzt werden. Diese Verminderung der Tastempfindlichkeit kann für Biologie (Desensibilisierung), Physik (Sensortechnik) und Chemie (Katalyse) eine Rolle spielen.

- Reduziert man die Tastmöglichkeit auf einen Arm, kommt es ebenfalls zu starken Irritationen im Entdeckungsprozess.
- Spielerfahrene Gruppen können in diesem Zusammenhang auch die Bewegungsfreiheit der Hände und Arme einschränken. In Höhe der Ellenbeuge werden die Hände mit einem Tuch auf dem Rücken zusammen gebunden. Ertastet wird mit den Wangen. Als interessanter Nebeneffekt erweist sich hier oft der verstärkte Einsatz der Nase (sowohl als Tast-, wie auch als Riechorgan (olfaktorischer Sinn).
- Fachspezifisches *Who is who*: Es werden keine Personen des sozialen Umfeldes ertastet, sondern berühmte Standbilder (Laokoon-Gruppe, Freiheitsstatue, Prinzessinnen von Preußen, Buchenwald-Mahnmal, Giovanni de Bolognas Samson … etc.)
- Diese Fachspezifik lässt sich auch auf Modelle (Limes, Glaziale Serie, Blüten- bzw. Schädelformen, Kristallgitter oder Oberflächenreliefs ausweiten. Auch wenig beachtete Basics, wie Laborgeräte oder modellierte Organe (aus dem Torso) oder Knochen, lassen sich unproblematisch einsetzen.

Literatur

Aldis, O. (1975). Play fighting. New York: Academic Press
Andrä, E. (1955) Spielzeug. Leipzig: FBV
Antons, K. (1973). Praxis der Gruppendynamik. Göttingen: Hogrefe
Aries, P. (1975). Geschichte der Kindheit. Stuttgart
Axline, V. M. (1972). Schüler-Spieltherapie im nicht-direktiven Verfahren. München: Reinhardt
Baacke, D. (1995). Die 13- bis 18jährigen. Einführung in Probleme des Jugendalters. Weinheim u. Basel: Beltz
Backe, H. (1970). Physik selbst erlebt. 3. durchges. Aufl. Leipzig, Jena u. Berlin: Urania
Baer, U. (1982). Lebenslauf. In: Zeitschrift für Gruppenpädagogik. – (1982)3
Baer, U. et al (o.J.). Remscheider Spielkartei. Remscheid: Robin Hood
Baer, U. (1996). Spielpraxis. 2. Aufl. Seelze: Kallmeyer
Beiler, H. (1997). Barfuß-Video. In: Veranstaltungsdesigns. München: WUP. – S. 47–48
Birkenbihl, V. (1992). Freude durch Stress. München/Landsberg: mvg
Bort, W.; Bücken, H.; Freitag-Becker, E.; Hanneforth, D. (o.J.). Schulspielkartei. Münster: Ökotopia
Breitenstein, R. (1984). Spiele für Manager. München: Langen-Müller/Herbig
Bronfenbrenner, U. (1981). Die Ökologie der menschlichen Entwicklung. – Stuttgart: Klett-Cotta
Calliess, E. (1975). Spielendes Lernen. – In: Deutscher Bildungsrat. Gutachten und Studien der Bildungskommission 48/1: Die Eingangsstufe des Primarbereiches 2/1: Spielen und Gestalten. Stuttgart. – S. 15 – 43
Comer, R. J (1995). Klinische Psychologie. Heidelberg, Berlin u. Oxford: Spektrum
Csikszentmihalyi, M. (2002). Flow. Das Geheimnis des Glücks. 10. Aufl. Stuttgart: Klett-Cotta
Daublebsky, B. (1988). Spielen in der Schule – Vorschläge und Begründungen für ein Spielcurriculum. – 9.Aufl. – Stuttgart : Klett
De Mause, L. (Hrsg.) (1977). Hört ihr die Schüler weinen? Eine psychogenetische Geschichte der Kindheit. Frankfurt/M.
Dietze, R. (Hrsg.) (1966). Was spielen wir? Berlin: Tribüne
Elias, N. (1977). Über den Prozess der Zivilisation. – Bd. 1 u. 2. Frankfurt
Flitner, A. (1986). Spielen – Lernen, Praxis und Deutung des Kinderspiels. 8. Aufl. München; Zürich: Piper
Freud, S. (1972). Vorlesungen zur Einführungen in die Psychoanalyse (Orig. 1917). In: Gesammelte Werke. Bd. 1 – Frankfurt/M.: Fischer
Freudenreich, D. (1983). Rollenspiel und soziales Lernen im Unterricht. – In: Kreuzer K. J. (Hrsg.): Handbuch der Spielpädagogik Bd. 2. – Düsseldorf : Schwann. – S. 213–229
Fritz, J. (o.J.). Mainzer Spielkartei. Mainz: Grünewald
Fritz, J. (1986). Vom Verständnis des Spiels zum Spielen mit Gruppen. Mainz: Grünewald
Fritz, J. (1993). Theorie und Pädagogik des Spiels. 2. korr. Aufl. Weinheim u. München: Juventa
Fritzsch K. E.; Bachmann, M. (1965). Deutsches Spielzeug. Leipzig: Edition Leipzig
Fuhs, B. (1997). Spielen oder gleich „was richtiges machen"? Zur sozialen Bedeutung des Spielens im Kindesalter. In: Renner, E.; Riemann, S.; Schneider, I.; Trautmann, T. (Hrsg.) (1997): Spiele der Kinder. Ethnologische, pädagogische und literaturwissenschaftliche Annäherungen. – Weinheim: Deutscher Studienverlag. S. 19–42
Grassmann, M. (2000). Schüler wissen viel – zusammenfassende Ergebnisse einer mehrjährigen Untersuchung zu mathematischen Vorkenntnissen von Grundschulkindern. Hannover: Schroedel
Gsella, M.; Bort-Gsella, W. (1990). Wir fallen aus der Rolle – Rollenspielkartei. Münster: Ökotopia
Harris B. A.; Harris T. A.: Einmal o.k. immer o.k. Transaktionsanalyse für den Alltag. – Reinbek, 1995
Heckhausen, H. (1973). Entwurf einer Psychologie des Spiels. – In: Graumann, C. F.; Heckhausen H. (Hrsg.): Pädagogische Psychologie. – Bd. 1 – Entwicklung und Sozialisation. – Frankfurt: Fischer

Heitmann, F. (1994). Historix & Co. Geschichtsspiele für Klasse 6–13. 3. Aufl. Lichtenau: AOL
Hielscher, H. (1984). Spielen mit Eltern. Heinsberg: Dieck
Hielscher, H. (Hrsg.) (1987). Du und ich – ihr und wir. Konkrete Arbeitshilfen für die soziale Erziehung. – Heinsberg: Dieck
Hielscher, H. (1992). Wider die Spielvergessenheit der Schule. – In: Grundschulzeitschrift. – Seelze 6(1992)52. – S. 8
Hoyer, K. (Hrsg.) (1993). AOL Zirkus. 9. Aufl. Lichtenau: AOL
Jäckel, I. (1997). Skulpturen, Szenisches und Bewegtes. – In: WUP-Spiele-Werkstatt. Spiel als Arbeitsmethode für Training, Aus- und Weiterbildung. München: Will u. Partner
Johnstone, K. (2000). Improvisation und Theater. 5. Aufl. Berlin: Alexander Verlag
Kluge, N. (1991). Spielen und Erfahren. – Bad Heilbrunn: Klinkhardt
Retter, H. (1994). Spiel und Spielzeug in Autobiographien des 16. Jahrhunderts. – In: Pädagogisches Forum 3/1994. – S. 138–143
Leontjew, A. N. (1958). Theoretische Probleme der psychischen Entwicklung des Kindes. – Berlin: Volk und Wissen
Leontjew, A. N. (1964). Probleme der Entwicklung des Psychischen. – Berlin: Volk u. Wissen
Leontjew, A. N. (1974). Psychologische Grundlagen des Spiels im Vorschulalter. – In: Psychologische Studientexte Vorschulerziehung. – Berlin: Volk und Wissen
Meyer, H. (1992). UnterrichtsMethoden. Bd. I: Theorieband. 5. Aufl. Frankfurt/M.: Cornelsen Scriptor
Meyer, H. (1997). Schulpädagogik. Berlin: Cornelsen
Mielke, R. (2001). Psychologie des Lernens. Stuttgart, Berlin u. Köln: Kohlhammer
Molcho, S. (1983). Körpersprache. München: Mosaik
Molcho, S. (1988). Körpersprache als Dialog. München: Mosaik
Neruda, P. (1975). Kleinseitner Geschichten. Berlin: Volk und Welt
Opaschowski, H. W. (1977). Freizeitpädagogik in der Schule. Bad Heilbrunn: Klinkhardt
Oppenheim, R. C.; Rosenberger, J. (1991). Family systems and object relations approaches. American Journal of Family Therapy 19(4) 327 – 333
Orlick, T. (1982). Kooperative Spiele. Weinheim u. Basel: Beltz
Protassowa, J. J. (1991). Phantasiegeschichten und Märchen lesen – mit Phantasie spielen. Entwicklung und Förderung sprachlich-literarischer Spiele. – In: Retter, H. (Hrsg.) (1991) Kinderspiel und Kindheit in Ost und West. Bad Heilbrunn: Klinkhardt
Rausch, E.: Sprache im Unterricht. Berlin: Volk und Wissen, 1986
Reiners, A. (1997). Praktische Erlebnispädagogik. 4. Aufl. Alling: Sandmann
Reiners, A. (1997a) Reflexionsübungen und Nachbesprechungsspiele. In: Spiele-Werkstatt. München: Will u. Partner
Renner, E.; Riemann, S.; Schneider, I.; Trautmann, T. (Hrsg.) (1997): Spiele der Kinder. Ethnologische, pädagogische und literaturwissenschaftliche Annäherungen. – Weinheim: Deutscher Studienverlag
Retter, H. (1979). Spielzeug. Handbuch zur Geschichte und Pädagogik der Spielmittel. Weinheim
Rogers, C. (1978). Die Kraft des Guten. München: Kindler
Runkel, G. (1986). Soziologie des Spiels. – Frankfurt a. M.: Hain
Schaffhausen, H. (Hrsg.). (1995). Handbuch Szenisches Lernen. Weinheim u. Basel: Beltz
Scheibner, O. (1930). Zwanzig Jahre Arbeitsschule in Idee und Gestaltung. – Leipzig: Quelle und Meyer
Scheuerl, H. (1972). Das Spiel. – 10. Aufl. – Weinheim u. Basel: Beltz
Scheuerl, H. (1989). Spieldeutungen im Wandel. – In: v. d. Horst, R.; Wegener-Spöhring, G.: Neues Lernen für Spiel und Freizeit. – Ravensburg
Sutton-Smith, B. (1978). Die Dialektik des Spiels. – Schorndorf: Hofmann
Sutton-Smith, B. u. S. (1996). Hoppe, hoppe, Reiter – Die Bedeutung von Kinder- Eltern- Spielen. – München : Piper
Trautmann, T. (1996). Miteinander spielen. – Lichtenau: AOL

Trautmann, T. (1997). Alte Spiele (wieder)entdecken – eine Hoffnung für die Pädagogik? – In: Renner, E.; Riemann, S.; Schneider, I.; Trautmann, T.: Spiele der Schüler. – Weinheim: DSV

Trautmann, T. (1999) Schulhofspiele. – Berlin: Cornelsen

Trautmann, T. (1999 a). „Aber macht nicht so laut dabei …" Zur Rolle von Lehrerinnen und Lehrern im Spielprozess. – In: Petillon, H.; Valtin, R. (Hrsg.): Spielen in der Grundschule. Grundlagen – Anregungen – Beispiele. – Frankfurt/M.: Arbeitskreis Grundschule (Beiträge zur Reform der Grundschule 106) S. 266–274

Trautmann, T. (2000) Spielen mit Sprache. Angebote für den Unterricht – Mündlicher und schriftlicher Sprachgebrauch. – Donauwörth: Auer

Vester, F. (1990). Spielen heißt verstehen. – In: Liebich, H.; Zacharias, W. (Hrsg.): Welt des Spiels – Spiele der Welt. – München : Päd. Aktion

Vester, F. (1997). Denken – Lernen – Vergessen. 27. Aufl. – München: dtv

Wegener-Spöhring, G.(1991). Spiel als ein neues Paradigma der Pädagogik. – In: Retter, H. (Hrsg.): Schülerspiel und Kindheit in Ost und West. Bad Heilbrunn: Klinkhardt. – S. 63–69

Will, F. (1997). 3-D-Techniken für Training und Supervision. In: Veranstaltungs-Designs. München: WUP

Wittmann, E. C.; Müller, G. N. (1990). Handbuch produktiver Rechenübungen. Bd. 1. Stuttgart: Klett

Woll, J. (1988). Alte Schülerspiele. Stuttgart: Ulmer

Zacharias, W. (1990). Wiederentdeckt : „Homo ludens". – In: Pädagogik. – Hamburg 42(1990) 1. – S. 6–11

Zullinger, H. (1971). Heilende Kräfte im kindlichen Spiel. Frankfurt/M.: Fischer